FALAR BEM
e ensinar melhor

O VALOR DO PROFESSOR

Gabriel Perissé

FALAR BEM
e ensinar melhor

autêntica

Copyright © 2024 Gabriel Perissé
Copyright desta edição © 2024 Autêntica Editora

Todos os direitos reservados pela Autêntica Editora Ltda. Nenhuma parte desta publicação poderá ser reproduzida, seja por meios mecânicos, eletrônicos, seja via cópia xerográfica, sem a autorização prévia da Editora.

EDITORAS RESPONSÁVEIS
Rejane Dias
Cecília Martins

REVISÃO
Lívia Martins

CAPA
Alberto Bittencourt

DIAGRAMAÇÃO
Guilherme Fagundes

Dados Internacionais de Catalogação na Publicação (CIP)
(Câmara Brasileira do Livro, SP, Brasil)

Perissé, Gabriel
  Falar bem e ensinar melhor / Gabriel Perissé. -- 1. ed. -- Belo Horizonte, MG : Autêntica Editora, 2024. -- (O valor do professor ; 5)

  Bibliografia.
  ISBN 978-65-5928-401-6

  1. Comunicação oral 2. Fala em público 3. Oratória 4. Prática de ensino 5. Professores - Formação I. Título. II. Série.

24-196341   CDD-370.71

Índice para catálogo sistemático:
1. Professores : Formação : Educação 370.71

Cibele Maria Dias - Bibliotecária - CRB-8/9427

Belo Horizonte
Rua Carlos Turner, 420
Silveira . 31140-520
Belo Horizonte . MG
Tel.: (55 31) 3465 4500

São Paulo
Av. Paulista, 2.073 . Conjunto Nacional
Horsa I . Salas 404-406 . Bela Vista
01311-940 . São Paulo . SP
Tel.: (55 11) 3034 4468

www.grupoautentica.com.br
SAC: atendimentoleitor@grupoautentica.com.br

Sumário

7	**Sobre a coleção** **O valor do professor**
9	**Introdução** Falar bem olhando a quem
23	**30 palavras-chave para entender a importância da fala**
25	Argumentação
28	Aula
31	Bom humor
34	Clareza
37	Comover
40	Comunicar
43	Convencer
46	Conversar
49	Dialogar
52	Dicção
55	Didática
58	Eloquência
61	Ênfase
64	Entoação
67	Escuta
70	Foco

73	Gafe
76	Histórias
79	Improvisação
82	Monólogo
85	Oratória
88	Ortoépia
91	Palestra
94	Plateia
97	Profundidade
100	Prolixidade
103	Retórica
106	Silêncio
109	Simplicidade
112	Tempo
115	**Conclusão**
118	**Bibliografia**
123	**Projeto da coleção**

Sobre a coleção
O valor do professor

Um dos maiores desafios da educação no século XXI está em formar e atualizar nossos professores, especialmente no que diz respeito à sua formação continuada. Além da formação inicial e da experiência própria, é necessário que todo docente reflita com frequência sobre sua prática cotidiana e que entre em contato com leituras que o ajudem a se aperfeiçoar como ser humano, cidadão e profissional.

Para que sua formação seja realmente continuada, a coleção O valor do professor apresenta 12 temas que o acompanharão durante 12 meses. Em cada volume, capítulos breves abordam questões relativas ao cuidado consigo mesmo, à pesquisa, à didática, à ética e à criatividade. São trinta capítulos, um para cada dia do mês, acompanhados por sugestões práticas e bibliografia para aprofundamento.

Em *Falar bem e ensinar melhor*, a linguagem verbal ganha destaque e chama nossa atenção para o poder das palavras. No próprio título deste livro, encontramos uma primeira instigação, pois a conjunção "e", normalmente associada à ideia de adição, assume aqui um valor conclusivo. Mais do que a soma de duas ações, há entre o falar e o ensinar uma expectativa de avanço. Ao desenvolver a nossa fala, alcançamos novos patamares na profissão docente. Do advérbio "bem", relativo ao falar, para o advérbio "melhor", relacionado ao ensinar, opera-se uma evolução. Se é verdade que professores gostam de falar, nessa atividade revelamos, além daquilo que sabemos, sobretudo aquilo que somos, e aquilo a que estamos chamados a ser. Aliás, dizem que Sócrates dirigia-se assim a cada aluno com quem iria dialogar: "Fale para que eu o veja!".

Introdução
Falar bem olhando a quem

O que as pessoas veem em nossa fala? E o que nós vemos quando as pessoas nos falam? O que vem à tona quando falamos? O que a nossa fala revela para nós mesmos de inusitado, de valioso? Ou revela apenas mais do mesmo, os lugares-comuns socialmente registrados? E qual a diferença entre falar e escrever? E entre falar e dizer? E entre falar e calar? E entre calar e silenciar? E entre falar e escutar? Com quem falamos quando falamos sozinhos? O que só conseguimos falar quando temos a chance de conversar com outra pessoa?

São muitas perguntas e todas nos convidam a refletir sobre a nossa ineludível condição de falantes e conversantes. Toda fala nos remete a outra pessoa, que julgamos capaz de nos escutar. A fala existe para ser recebida e correspondida.

Na fala, normalmente, as palavras vêm "coladas" umas às outras, sem interrupção, diferentemente do que ocorre no texto que você está lendo aqui e agora. Neste meu texto, as palavras se separam por pequenos espaços em branco. Você pode distinguir facilmente cada um dos termos que estou utilizando: "cada" "um" "dos" "termos" "que" "estou" "utilizando". A fala antecede a escrita. A fala simboliza os "estados de alma", dirá um pensador aristotélico, ao passo que a escrita simboliza a fala.

Por terem se tornado visíveis e discerníveis, as palavras que escrevo podem ser analisadas com calma, em leitura meditada, uma por uma, e no seu conjunto, sem a minha presença ou interferência. Podemos ler e reler as palavras escritas, ponderar, refletir pausadamente sobre o que o texto nos comunica.

Já no momento vivo da fala, em geral, não há breves silêncios entre as palavras faladas do mesmo modo que há pequenos espaços em branco entre as palavras escritas. As palavras fluem da boca de outra pessoa como uma sequência de sons que eu preciso receber de modo ativo e, rapidamente, compreender. Alguns linguistas chegam a falar que é um verdadeiro milagre biológico uma pessoa entender a fala de outra.

Além de entender imediatamente a sequência de palavras e o significado de uma fala dirigida a mim, essa mesma fala me provoca uma resposta rápida, que deverá fazer sentido para o meu interlocutor.

E assim estabelecemos uma comunicação interpessoal, mais ou menos bem-sucedida.

Do que estamos falando?

No início de seu livro *A caminho da linguagem*, Heidegger escreve:

Falamos quando acordados e em sonho. Falamos continuamente. Falamos mesmo quando não deixamos soar nenhuma palavra. Falamos quando ouvimos e lemos. Falamos igualmente quando não ouvimos e não lemos e, ao invés, realizamos um trabalho ou ficamos à toa. Falamos sempre de um jeito ou de outro. Falamos porque falar nos é natural. Falar não provém de uma vontade especial. Costuma-se dizer que por natureza o homem possui linguagem. Guarda-se a concepção de que, à diferença da planta e do animal, o homem é o ser vivo dotado de linguagem. Essa definição não diz apenas que, dentre muitas outras faculdades, o homem também possui a de falar. Nela se diz que a linguagem é o que faculta o homem a ser o ser vivo que ele é enquanto homem.

Nossa condição humana é condição de falantes. No entanto, o natural e o espontâneo não está petrificado. Pode degringolar ou aperfeiçoar-se. Ao falar, podemos crescer em clareza, precisão e criatividade, ou sucumbir à confusão infracriadora. Se a fala é "instrumento" privilegiado, com o qual criamos espaços de interação e convivência, como aprimorá-la?

Nossa vida é eloquente. Refiro-me ao fato de a vida de cada ser humano, a minha vida, a sua vida, ser uma experiência apenas comunicável por aquele que está vivendo a sua própria vida. Cada pessoa tem o seu temperamento, as suas capacidades, o seu modo de ver as coisas, as suas lembranças, circunstâncias, desejos, objetivos. Eu só posso falar por mim e por minhas escolhas. Você só pode falar por você e por suas escolhas. Cada um de nós precisará "administrar" seus próprios relatos autobiográficos, suas frases preferidas, seus conteúdos, suas metáforas, seus argumentos.

Falar sobre a linguagem é uma das atividades mais fascinantes para o ser falante que somos. Pois se trata de uma forma de discorrer sobre nós mesmos, como indivíduos e como coletividade humana.

E por isso voltamos a formular as mesmas difíceis perguntas.

Afinal, o que é a linguagem? De que modo a linguagem nos ajuda a pensar? Poderíamos pensar sem a linguagem? Quais as diferenças entre a linguagem humana e a comunicação entre os animais? Como falar com profundidade, sem se tornar hermético? Como falar com simplicidade, sem perder de vista a complexidade da existência? Conseguiremos fazer com que as palavras construam sempre novas pontes para o aprendizado?

Investigar a fala humana é pensar em nós mesmos, este ser cheio de perguntas e teorias, este "bicho da Terra tão pequeno" (Carlos Drummond de Andrade) que nós somos. Pequenos em comparação com o cosmos; grandes, em razão de nossas inquietações. As perplexidades que nos perseguem são também as nossas maiores credenciais.

Graças à fala, o ser humano planeja e coordena ações em grupo. Humanos que, há milhares de anos, preparavam emboscadas para caçar animais de grande porte precisavam relembrar os acertos e fracassos de caçadas anteriores, prever riscos e conversar com antecedência sobre as melhores estratégias. Essencialmente, as coisas não mudaram muito. Nas reuniões de hoje, em empresas, em instâncias do poder público, em universidades, em escolas, em diferentes contextos, necessitamos imaginar cenários, antecipar perigos, sugerir soluções. É sempre uma luta verbal contra o caráter imprevisível do dia seguinte, a força indomável do futuro.

Olhemos de novo para o passado distante. A luminosidade dos rostos em torno do fogo, no meio das inúmeras noites da história humana, também se beneficiava do fogo das palavras. O relato das experiências vividas por aquelas pessoas trazia luzes do âmbito da existência privada para os que estavam ali, juntos, ombro a ombro, exercitando a inteligência, a memória e a imaginação. Hora de contar histórias mais ou menos ficcionais. Hora de sentir medo e otimismo. Hora de sombras e silêncios. Hora de penetrar no mistério do existir. Hora de ouvir palavras e enxergar nelas o que somos e o que almejamos ser.

Por mais que nos esforcemos para ser objetivos, em busca tão somente das "coisas concretas", somos também avaliadores envolvidos. Fazemos juízos de valor, e, nesta avaliação, estamos de novo falando de nós mesmos.

De quem é a palavra?

Em reuniões, aulas, palestras, festas de confraternização, encontros de todo tipo, a palavra se move entre nós e nos move a falar.

É a palavra que introduz os temas e a discussão sobre os temas.

Contudo, a palavra não se fala sozinha. Quem será o primeiro a tomar a palavra? A quem depois daremos a palavra? E como devemos pedir a palavra? Há quem tire a palavra da boca de alguém? A palavra terá um dono? E o que dizer daqueles que, em determinados casos, não soltam uma palavra sequer?

Os "donos da palavra" são aqueles que desejam falar por nós e controlar nossa fala. E isto se dá em todo tipo de ambiente. De acordo com as pedagogias dialógicas, ao contrário, os professores reaprendem a falar escutando com atenção as palavras dos alunos. Tal pedagogia está baseada, por sua vez, em palavras como "busca", "pergunta", "escuta", "respeito", "transformação", "reflexão". No diálogo, a palavra circula entre as pessoas, transformando-as.

O aprendizado se dá quando a curiosidade dos alunos (de qualquer idade e em qualquer etapa curricular) vem ao encontro de nossa vontade de ensinar. O professor e economista Ladislau Dowbor, num de seus livros, conta que, certa vez, um jovem universitário lhe perguntou o que achava da humanidade, do ponto de vista moral; se era mesmo um caso perdido ou se havia alguma esperança. A pergunta do aluno se respaldava na visão de Rousseau, para quem o ser humano é bom por natureza, mas capaz de causar para si mesmo grandes males em razão das dinâmicas sociais.

A pergunta do aluno estimulou Dowbor a procurar a melhor resposta possível, apontando, indiretamente, as limitações da teoria rousseauniana. De fato, na atual situação do mundo, as instituições se tornaram fundamentais para a convivência social, bem como o respeito às leis, que, em princípio, existem para nos proteger da selvageria. Procurando apresentar novas facetas da mesma questão, Dowbor observou ainda que é possível encontrar num mesmo povo comportamentos selvagens e civilizados. Bastaria lembrar, sem regressar ao passado longínquo, que a humanidade superou (em certa medida) a escravidão, o feudalismo e o colonialismo, mas continuou produzindo genocídios e graves injustiças nos últimos séculos. Em outras palavras, mesmo em países onde se criaram regras sociais mais justas a semente da barbárie não desapareceu totalmente.

Outro exemplo de como os alunos que perguntam desencadeiam a atividade docente foi protagonizado pela professora de sociologia Raquel Andrade Weiss. Ela própria conta que, numa universidade, ao ministrar uma disciplina sobre autores clássicos da sociologia (Durkheim, Marx, Weber, etc.), deparou-se com alunas que lhe perguntaram por que nenhuma socióloga era mencionada entre aqueles grandes clássicos. Não haveria textos de sociologia assinados e publicados por mulheres entre os séculos XVIII e XIX? E o fato é que ela viria a descobrir, graças à provocação daquela pergunta, nomes como Marianne Weber, Olympe de Gouges, Mary Wollstonecraft, Harriet Martineau, Flora Tristan e Olive Schreiner, entre outros. Mulheres intelectuais precisam ser lembradas e valorizadas. Esse tipo de invisibilização, flagrante injustiça em todas as áreas do conhecimento, requer de todos um novo modo de pesquisar.

Muitas perguntas de crianças e adolescentes em sala de aula são igualmente mobilizadoras. Uma aluna perguntou à professora por que os matemáticos tinham escolhido a letra "v" para simbolizar a raiz quadrada. Referia-se ao símbolo $\sqrt{}$, adaptação, na verdade, da letra "r", primeira letra da palavra latina *radix* ("fundamento", "origem"). A aluna queria conhecer a história daquele símbolo. Intuía que não era algo arbitrário.

Pressentia um porquê a investigar. Ensinar a história dos números (e das letras no meio desses números) pode conferir sentido ao estudo da matemática.

A palavra deve estar disponível para quem tem algo a perguntar.

E para quem tem algo a ensinar.

Falar para civilizar

É bem conhecida a historieta em que alguém perguntou à antropóloga estadunidense Margaret Mead qual seria a evidência mais antiga de uma sociedade civilizada. Respondeu ela que era um fêmur humano com uma fratura cicatrizada, datado de 15 mil anos. Esse fêmur demonstrava que um ser humano havia sofrido um acidente sério, mas não foi abandonado à própria sorte. Durante os meses necessários para a cicatrização do osso, recebeu cuidados de outras pessoas. Recebeu abrigo, proteção, alimento. Podemos pensar numa sociedade humanamente saudável quando vemos os seus membros mais frágeis, doentes ou moribundos serem tratados com respeito. Civilização significa, entre outras coisas, solidariedade. O contrário disso é o "salve-se quem puder".

Podemos imaginar que a pessoa com o fêmur fraturado, 15 mil anos atrás, dialogava com aqueles que lhes prestavam ajuda. Nesse diálogo, mais ou menos elementar, ouvia palavras de ânimo e, em contrapartida, manifestava gratidão.

A fala civilizada expressa valores civilizados: a justiça, a liberdade, a segurança, a ordem, a igualdade, a cordialidade, a paz. E se baseia, de modo especial, na regra de ouro da moral ou na também chamada ética da reciprocidade: "não faça aos outros o que não gostaria que fizessem a você".

Ao falarmos uns com os outros, também essa regra de ouro deve ser observada. Conforme explica o filósofo espanhol López Quintás, existe um grave "analfabetismo espiritual" que consiste em não saber criar vínculos pessoais, vínculos esses que dependem em boa parte de uma fala de mútua cordialidade, de consideração mútua, de mútua confiança, de mútua colaboração, de mútua gratidão, uma fala condizente com a vocação humana para uma vida de encontro.

Uma sociedade com uma linguagem civilizada não perde de vista que o "outro" é importante para todos os demais. O "eu" de cada um de nós não existe sem o outro, sem a referência ao parente, ao amigo, ao professor, ao aluno, ao vizinho, ao cliente, até mesmo ao adversário. A sociedade está composta pelas relações interpessoais, que se sustentam graças à nossa capacidade dialógica. Sem o outro, a quem eu possa dirigir minha palavra e de quem eu possa escutar uma palavra... sem o outro ninguém chegará a ser o que é. O "eu" é tão importante quanto o "você".

A "egocentricidade", essa tendência a colocarmos o nosso "eu" no centro das atenções e acima das normas que valem para todos, precisa ser contrabalançada por uma "vocentricidade", em que o "você" é valorizado em diálogo com o "eu". Essa vocação para falar é uma vocação para falar *com os outros*, em convergência ou em divergência de opiniões, ideias, crenças, intenções e princípios.

A vida social deixa de ser "vida" e deixa de ser "social" no momento em que nos colocamos uns contra os outros na defesa de interesses egocêntricos ou de grupos, despertando uma hostilidade que pode tornar-se cada vez mais explícita, cruel, desumana. O chamado "amor civil", ou "amor social", ou mesmo "amor político", pressupõe uma cultura do encontro e do cuidado mútuo, na qual a linguagem exerce função unitiva. O "amor pedagógico" compartilha essa mesma lógica.

A expressão "amor pedagógico", como explica Walter Kohan em seu livro *Paulo Freire, mais do que nunca: uma biografia filosófica*, remete ao ato de "amar ensinar" e ao de "amar aprender", que se alimentam reciprocamente. Essa forma amorosa de ensinar somada ao empenho em aprender amorosamente transforma quem ensina. Uma professora ou um professor crescem como pessoas e profissionais ao ensinarem com generosidade, e os alunos que amam aprender, e se sentem valorizados por seus professores, por seus ensinantes, transformam-se também.

A transformação de professores e estudantes se faz numa atmosfera de mútua admiração e mútua audição.

Ao falar bem e ensinar melhor, nós, professores, mostramos aos alunos que estudar, ler e se aprofundar são ações motivadoras em si mesmas.

O quê? E para quê?

A palavra "amor" associada à pedagogia pode causar mal-entendidos. Corremos sempre o risco de derrapar em banalidades e cair no sentimentalismo barato.

Esse falar bem para educar, civilizar, transformar, humanizar, não deve adquirir um vago tom "edificante" que, na prática, criaria uma atmosfera emocional destituída, porém, de conteúdos relevantes e finalidades concretas.

Precisamos, portanto, falar sobre conteúdos.

E precisamos falar sobre finalidades.

Em cada aula, em cada encontro de aprendizado, em cada oficina, em cada atividade de observação e experimentação, os professores realizam a adequação dos conteúdos previstos (de disciplinas humanísticas, científicas, artísticas, etc.), tendo como objetivo comunicar aos seus alunos o saber em si, mediante linguagem compreensível, clara, convincente. Aqueles alunos (e não alunos abstratos, imaginados por planos de ensino postiços) reconhecerão o valor de determinado conteúdo curricular à medida que conseguirem estabelecer uma conexão real entre esse conteúdo e seus interesses pessoais, suas experiências cotidianas, seu contexto existencial, seus gostos, suas expectativas.

Outra exigência da realidade: a substantividade própria do que eu quero ensinar deve me entusiasmar. Isso é fundamental. Não há ensino sem ter o que se ensinar. Dependendo de minha trajetória pessoal escolar e acadêmica, e de meus próprios interesses de pesquisa, solucionar uma equação linear com duas variáveis deve me entusiasmar; descrever as propriedades do som (amplitude, frequência, comprimento de onda) deve me entusiasmar; observar a vida sexual das plantas avasculares deve me entusiasmar; entender o funcionamento de instrumentos óticos como as lupas e microscópios (para ampliar o "invisível") e como os binóculos, lunetas e telescópios (para aproximar o "inalcançável") deve me entusiasmar; analisar e interpretar os sonetos escritos por Augusto dos Anjos ou Vinicius de Moraes deve me entusiasmar; estudar a evolução dos vírus e o desenvolvimento de vacinas são conteúdos que devem me entusiasmar; conhecer a história do império mongol dos séculos XIII e XIV deve me entusiasmar...

Quanto à finalidade do que ensinamos, mais apropriado seria pensar em *finalidades*, no plural.

Um tipo de finalidade no âmbito do ensino é a produção de algo imediato. Numa aula de filosofia política, por exemplo, posso apresentar como finalidade estrita, naquele dia, a leitura do livro *Discurso da servidão voluntária*, de Étienne de La Boétie (séc. XVI), comentando as suas ideias principais, o contexto em que surgiu, o tipo de recepção que teve ao longo dos tempos, e propondo que os alunos reflitam e discutam a respeito dos conceitos de "servidão" e de "liberdade".

Outra finalidade, de longo prazo, é que os alunos avancem em seu processo de aprendizado: sejam alfabetizados no momento adequado, concluam todas as etapas da educação fundamental, ingressem no ensino médio, descubram a vida universitária, busquem cursos de especialização e aperfeiçoamento, cultivem sempre o desejo de aprender.

Uma finalidade paralela à do progresso na escolaridade é aquela que faz os estudantes desenvolverem diversas habilidades enquanto apreendem conteúdos. Por exemplo, o acesso a documentos normativos (mediante uma leitura que identifique os conceitos representativos e as normas estabelecidas), tais como o Estatuto da Criança e do Adolescente (ECA), ou o Plano Diretor de um município, ou o próprio Regime Escolar de um colégio, pode ampliar para os nossos alunos a compreensão do que significa, como sinal de consciência cidadá, praticar uma ética da responsabilidade e participar da vida pública.

Conforme a Constituição Federal de 1988, em seu artigo 205, a educação a que todo cidadão brasileiro tem direito possui como uma de suas finalidades o pleno desenvolvimento da pessoa. Ora, esse desenvolvimento abrange todas as nossas dimensões físicas, afetivas, psíquicas, incluindo, portanto, uma voz própria, com a qual expressamos nossa visão de mundo.

Uma voz que deseja ser ouvida e que, para tanto, deve ser fortalecida.

Nos trinta capítulos deste livro, voltaremos nossa atenção para a inigualável capacidade humana de emitir sons e articular palavras que façam sentido. Como pano de fundo, a tarefa docente e a vida pessoal dos docentes.

A linguagem falada é também linguagem falante. Se, por um lado, "palavras o vento leva", aquilo que ouvimos nos oferece uma densidade fluente, ininterrupta, de significados e emoções. A linguagem falada se realiza nessa passagem. A linguagem falante nos mantém conectados com o sopro de vida.

A linguagem oral é consciente e inconsciente. A prudência nos recomenda pensar dez vezes antes de falar, mas é inevitável "sermos pensados" pela fala que brota de dentro para fora. De uma só vez.

Talvez a grande (e antiga) surpresa resida em percebermos que as nossas palavras têm vida própria.

Esta é uma analogia recorrente: palavras nascem, relacionam-se com outras palavras, multiplicam-se, ganham espaço, produzem ações, influenciam, adoecem, são esquecidas, morrem, ressuscitam.

Palavras criam lugares de aprendizado.

Em nossas salas de aula, em debates qualificados, em rodas de conversa, nos encontros de família, nas reuniões de trabalho, em entrevistas, nos áudios telefônicos e nas gravações para a *web*, etc., as palavras que dizemos ou ouvimos vêm ao nosso encontro, adquirem cada qual uma fisionomia única, e nos comunicam o inesperado.

30

**PALAVRAS-CHAVE
PARA ENTENDER
A IMPORTÂNCIA
DA FALA**

Argumentação

Num poema de apenas um verso, intitulado "Argumento", o poeta e diplomata Francisco Alvim escreveu: "Mas se todos fazem".

A ironia desse único verso está no fato de que tal argumento é um dos piores, do ponto de vista da lógica e da ética, embora corriqueiro. Em vez de apresentar motivos convincentes, a pessoa tenta justificar determinada ação alegando que "todo mundo faz".

Trata-se do *argumentum ad populum*, segundo o qual uma afirmação ou atitude são verdadeiras porque muitas pessoas aprovam essa afirmação ou concordam com essa atitude. O argumento é falacioso. E o poeta o repete, retratando a condição humana. Nós, muitas vezes, buscamos argumentos falsos para dar uma aparência de verdade aos nossos discursos e comportamentos.

Na ausência de argumentação válida, a pessoa apela para aquilo com que "todo mundo" concorda. Demagogos e manipuladores se apoiam nas opiniões unânimes. Com cinismo mal disfarçado, declaram: "a voz do povo é a voz de Deus".

Proceder assim parece encurtar o caminho e resolver tudo na bucha. Basta reproduzir o que a maioria diz. Quais são as preferências populares do momento? Quais as crenças dominantes? Para onde todos vão? O que todo mundo afirma ser evidente? Se a maioria acredita em Deus, Deus existe? Se a maioria acredita que as pirâmides do Egito foram construídas por seres extraterrestres, o mérito é dos alienígenas?

As palavras da escritora Siri Hustvedt são contundentes:

> *Usando a falácia lógica do* argumentum ad populum, *a maior marca é a melhor marca. Este raciocínio falso é usado por todos os rebanhos culturais, grandes ou pequenos. O rebanho corre para ficar boquiaberto perante o espetáculo do creme dental branqueador. O rebanho corre para ver a nova estrela da galeria da moda. O rebanho pensa em uníssono. O rebanho é um* voyeur *coletivo, guiado pelo conhecimento recebido de enxergar beleza, sofisticação, inteligência no objeto brilhante, no veículo vazio do valor e da riqueza e da glória.*

"MAS SE TODOS FAZEM."
(Francisco Alvim)

A opinião da maioria pode corresponder ou não à verdade. O que devemos ter em mente é que não há uma ligação necessária entre a validez de um argumento e o número de pessoas que adere a ele.

A maioria pode estar certa, ou errada.

A minoria pode estar certa, ou errada.

Ou talvez tenhamos que abandonar os rebanhos e fazer parte de uma imensa minoria que aprendeu a pensar por conta própria e a praticar a arte da argumentação.

Argumentar é falar com clareza, rigor e criatividade. Com clareza, encarando a realidade de maneira honesta. Com rigor, escolhendo as melhores palavras para expressar o que pensamos. Com criatividade, sabendo descobrir novas possibilidades, sem medo das ambiguidades e das pressões que nos rodeiam.

Argumentamos para convencer alguém a realizar algo ou a aceitar como verdadeiro um conjunto de ideias. Mas isso não é o mais importante. Antes de atingir esse objetivo, quem argumenta precisa estar pessoalmente convicto de ter encontrado um valor real, de ter compreendido uma verdade, de ter captado uma ideia que vale a pena comunicar.

A primeira pessoa com quem devo argumentar sou eu mesmo.

SUGESTÃO

Verifique se as suas opiniões são realmente suas.

Aula

"Toda aula que reluz é ouro", escreveram Julio Groppa Aquino e Sandra Mara Corazza em seu *Dicionário das ideias feitas em educação*. Afirmação que conversa com dois antigos ditados: "nem tudo que reluz é ouro" e "as aparências enganam".

Mas o que não é uma "aparência de aula"? Como criar uma aula de ouro, uma aula valiosa e inesquecível?

Uma aula enganosa, escondida sob o nome de "aula", deixa de lado, no todo ou em parte, ao menos cinco dimensões do ensino: "informação" e "conexão", "conhecimento", "depoimento" e "esclarecimento".

Se a informação já foi adquirida antes da aula, não convém chover no molhado. Hoje, em plena Idade Mídia, vivemos mergulhados no mundo informacional. O problema não é a falta de dados, notícias e novidades. Corremos o risco do excesso, que confunde mais do que orienta. O risco de uma infodemia da desinformação.

Averiguar se as informações disponíveis correspondem à realidade é condição *sine qua non* para a aula brilhar.

A conexão da informação com a vida real dos alunos (os interesses do seu dia a dia) garante que a aula prossiga. Sem conexão, não haverá atenção, envolvimento, perguntas, nada. A pergunta-chave (para alunos e professores) seria esta: "Por que estou aqui e não em outro lugar?". Estabelecida a conexão, o conhecimento surge, não como acúmulo de informações e instruções, mas como trabalho de todos para "descongelar os entraves ao processo de questionamento e inovação" (Pedro Demo em *Conhecimento moderno*).

Nesse sentido, soma-se à luz do ouro a luz do sol. A aula que brilha também aquece o ambiente, humaniza-o. E a dimensão do "depoimento" implica criar espaço para que alunos e docentes falem um pouco de sua própria experiência como seres que aprendem. Breves referências autobiográficas tornam a aula mais participativa.

"NÃO HÁ PERGUNTAS 'IDIOTAS' NAS MINHAS AULAS, POR MAIS TOLO QUE O ESTUDANTE SE SINTA AO PERGUNTAR."

(Alice O. Howell)

A aula faz sentido para todos, quando transformamos a obrigação de aprender (ou ensinar) em alegria de conhecer (e reconhecer).

Conhecer não é uma ação como a de andar, alimentar-se, desempenhar diferentes tarefas, fazer coisas, construir objetos, utilizar máquinas, nem tem como finalidade principal a obtenção de diplomas, a aprovação em exames, concursos, etc.

Na aula que reluz, descobrimos o tesouro. A ideia de tesouro tem a ver com um conhecimento ainda não adquirido, que requer da nossa parte curiosidade e espírito de busca. Em latim, *thesaurus verborum* ("tesouro de palavras") designava uma coleção de termos organizados de acordo com o sentido, nos quais encontramos a riqueza do saber.

O ouro da aula se esconde e se revela em nossas palavras.

Quanto à quinta dimensão da aula, o esclarecimento, precisamos falar com clareza, empregando uma linguagem que ilumine as mentes.

Conforme ensinavam antigos sábios, se a luz natural ilumina os objetos, permitindo às pessoas enxergá-los melhor, no campo do conhecimento, por analogia, as palavras iluminadoras tornam os conceitos mais claros, de modo que a pessoa possa vê-los mais nitidamente com os olhos da inteligência.

Quando compreendemos algo, nossos olhos brilham.

Dentro de nós também existe um tesouro.

SUGESTÃO

Faça suas aulas reluzirem, empregando palavras que iluminem o que deve ser ensinado.

Bom humor

Podemos exprimir a alegria de viver de vários modos: indo a uma festa, ouvindo música, dançando, praticando alguma atividade física, passeando com amigos, viajando ou, simplesmente, falando com bom humor.

Cultivar o bom humor nada tem a ver com gargalhadas eufóricas ou com a mera capacidade de contar piadas – lembrando que, geralmente, os piadistas precisam caçar vítimas para o sucesso de suas pilhérias.

O que está em jogo aqui é muito sério! O bom humor exclui os excessos da zombaria, o veneno do sarcasmo, as baixarias do deboche. A linguagem do bom humor não deve ser destrutiva. Não precisa humilhar ninguém. Quem tem bom humor convive melhor e ensina melhor.

Podemos dizer que uma pessoa bem-humorada olha o seu entorno com bons olhos, mantendo adequada distância dos problemas: nem demasiadamente perto, a ponto de ser engolida pelo sofrimento, nem longe demais, a ponto de cair na alienação.

Uma palavra proveniente do pensamento grego clássico, "eutimia", designava esse estado de ânimo perfeito, cheio de tranquilidade. É deste bom humor que se trata. Um contentamento sereno, que se traduz numa forma de falar leve, ágil, flexível.

Felizes os alunos que encontram um professor bem-humorado! Entre os docentes da faculdade de Educação da USP, nas décadas de 1990-2010, conheci um "exemplar" raro desse tipo de professor. E não fui o único a captar em Jean Lauand essa virtude, como prova o testemunho da professora María de la Concepción P. Valverde:

A cada um dos que estão ao seu redor, Jean sabe levar um pouco de alegria. Insisto nessa palavra, pois uma das riquezas de sua amizade é o aspecto lúdico, o saber brincar, o saber tornar mais leve o que possa haver de pesado na convivência diária. Esse brincar, esse ludus, escreve Lauand, seguindo Tomás de Aquino, que é "uma virtude moral que leva a ter graça, bom humor, jovialidade e leveza no falar e no agir, para tornar o convívio humano descontraído, acolhedor, divertido e agradável". Quem convive com a alegria desse amigo, quem ouve suas anedotas e trocadilhos hilariantes, suas observações deliciosas e argutas, tem o privilégio de receber mostras constantes de uma virtude que tanto suaviza a existência humana.

"O BOM HUMOR NOS AJUDA A RIR DE NOSSAS DIFICULDADES E INSEGURANÇAS."

(Edith Litwin)

Mais do que acumular títulos e homenagens, a ambição das pessoas bem-humoradas é contribuir para um mundo melhor, mais justo... e menos angustiado.

Pessoas bem-humoradas também sabem reclamar de gente irritante e criticar situações intoleráveis, mas vivem com a esperança de que tudo um dia chegue ao fim. E defendem a visão paradoxal de que haveria algo de muito errado na vida se tudo na vida sempre desse certo!

O bom humor nos ensina a rir de nós mesmos, a aceitar o que temos de ridículo, a brincar com nossas próprias limitações. Dizia um escritor, por exemplo, que não se achava um homem feio (embora fosse muito feio), mas apenas "mal-diagramado".

Se o mundo está de pernas para o ar, ainda assim podemos lhe oferecer o nosso braço e dar umas cambalhotas com ele.

Mais vale estar vivo no meio do caos do que sepultado num planeta sem graça!

SUGESTÃO

Descubra e pratique a risoterapia.

Clareza

A oralidade é a capacidade de falar com fluência, coerência e clareza.

A clareza na fala pode ser vista por dois ângulos. Como qualidade da voz que soa bem, que tem um bom timbre. E como qualidade daquilo que é comunicado de modo compreensível.

O ideal é que tenhamos as duas qualidades: voz clara e sonora como um sino ecoando no ar da montanha, e um discurso sem bordados e firulas, em que as palavras expressem nossas ideias com exatidão, de modo direto e descomplicado.

Na biografia que escreveu sobre Nelson Rodrigues, Ruy Castro conta que a fala do dramaturgo era uma espécie de mugido arrastado e que muitos chegavam a pensar erroneamente que ele vivia bêbado. Uma voz arrastada pode dificultar a compreensão do que está sendo falado e levar os ouvintes à dispersão ou ao sono.

Devemos pronunciar as palavras com clareza, nem muito devagar, nem muito rapidamente, evitando o constante perigo da monotonia. Uma voz hesitante e baixa dará a impressão de estarmos com receio de dizer o que pensamos. Falar muito alto e com firmeza exagerada dará talvez igual impressão. E a fala monótona sugere falta de vitalidade e de convicção.

A minha melhor voz será a voz sem artifícios, uma voz que nasce de dentro, quente, orgânica, sem segundas intenções, verdadeira. Não precisa ser a voz mais bela do mundo. Nascerá, no entanto, do meu desejo sincero de ser escutado.

Do ponto de vista da comunicação do pensamento, clareza é apresentar nossas ideias com fidelidade, sem necessidade de forçar a barra da eloquência.

"SETEMBRO DE ESPIGAS CLARAS QUE AS MÃOS COLHIAM NO VENTO!"
(Marly de Oliveira)

Toda falta de clareza em nossa fala está relacionada a uma certa confusão mental, cujas causas são fáceis de apontar, mas difíceis de corrigir. Podemos enunciar pelo menos três causas: o preconceito, a preguiça e a precipitação.

No meio de nossas crenças e opiniões, carregamos nos bolsos uma boa quantidade de preconceitos. Isso é um fato, que Millôr Fernandes denunciava com a clareza máxima do seu bom humor: "o ser humano dá preconceito como jaqueira dá jaca".

E os preconceitos são pegajosos. Quando você pensa ter se livrado de algum, descobre outros dois grudados na alma. Viver sem preconceitos seria ter acesso direto à essência das coisas. O preconceito julga, condena e executa a sentença antes de qualquer pesquisa ou raciocínio.

Junta-se ao preconceito a preguiça de pensar. Para combater esse inimigo da clareza, precisamos praticar diariamente exercícios de lucidez. Podemos nos inspirar nos diálogos de Sócrates com seus discípulos, acompanhando sua busca implacável das definições penetrantes. Há quem prefira os iluministas do século XVIII, que apostaram todas as suas fichas na crítica racional. Importante também é ouvir palestras de pessoas que sabem pensar com rigor e se expressar de modo coerente.

Por fim, perceber em falas confusas o erro da precipitação. Quando falamos algo sem ter pensando antes, sem ter refletido com serenidade, corremos o risco de não dizer coisa com coisa.

Contra a precipitação, precisamos praticar a reflexão. Um excelente remédio para a preguiça é a leitura. E, para vencer os preconceitos, nada melhor do que o espírito de pesquisa.

SUGESTÃO

> Pergunte de vez em quando aos seus ouvintes se você está falando com clareza.

Comover

Numa hipotética escala de emoções, em que poderíamos encontrar o desânimo, a vergonha, a raiva e o entusiasmo, a comoção ocuparia uma posição elevada, por sua intensidade.

Comover-se é ser tomado por uma emoção viva e inesperada. Difícil conter as lágrimas. Difícil não submergir num silêncio que parece eterno. Podemos nos sentir profundamente comovidos, abalados, ao ouvir uma história, ao presenciar uma cena, ao recordar uma situação que vivemos no passado.

O psicólogo estadunidense Marshall Rosenberg, autor do conhecido livro *Comunicação não violenta*, conta que certa vez ficou muito comovido ao ler um trecho de *O segredo do amor eterno*, de John Powell, em que este descreve a tristeza lancinante por não ter conseguido, durante o tempo de vida do pai, dizer-lhe o quanto o amava. O próprio Powell relata esse momento de estremecimento interior:

Enquanto o médico atestava a morte, encostei-me no canto mais afastado do quarto, chorando baixinho. Uma enfermeira se aproximou e colocou um braço reconfortante à minha volta. As lágrimas me impediam de falar. Gostaria de ter dito a ela: "Não estou chorando porque meu pai está morto. Estou chorando porque meu pai nunca me disse que tinha orgulho de mim. Nunca me disse que me amava. Todo mundo achava que eu já soubesse essas coisas, que eu soubesse ser alguém importante para ele e ocupar um lugar importante no coração dele, mas ele nunca me disse".

É doloroso perder a chance de dizer a alguém "eu te amo", ou "me perdoe", ou "eu compreendo você". Frases curtas que vão de um coração a outro, mas atuam também sobre a nossa mente, sobre a nossa maneira de compreender a vida.

A comoção é uma dor que toma conta da pessoa de cima a baixo. Dor *sui generis*, em que se misturam dissabor e prazer, desgosto e alegria. Uma dor agridoce que nos paralisa por fora e nos agita por dentro.

"ADMIRO MINHAS LÁGRIMAS NO ESPELHO, SOU HUMANA."
(Adélia Prado)

As palavras de uma pessoa podem nos comover, mobilizando nossas crenças, lembranças, medos, mágoas, paixões. E nada disso é necessariamente irracional.

A comoção não exige discursos longos. Por vezes, umas poucas palavras serão suficientes, como neste relato em que o psicólogo vienense Viktor Frankl conta seu encontro inesquecível com o papa Paulo VI:

A impressão que eu tive de Paulo VI foi a de um homem cujo rosto era marcado pelas noites insones, nas quais ele lutava com decisões que sua consciência lhe obrigava a tomar. [...] Minha mulher ficou lá de pé e simplesmente chorou durante todo o tempo; ela estava comovida. [...] Ele deu um terço para minha esposa e para mim um medalhão. Quando nós nos retirávamos ele me chamou em alemão – pense nesta situação, o papa chama um neurologista judeu de Viena após o término de uma audiência falada quase totalmente em italiano e depois da despedida diz em alemão: Por favor, reze por mim! Literalmente. Inimaginável, incrível, se a gente não tivesse vivenciado isto, se não tivesse visto.

O que exatamente comoveu Viktor Frankl? O fato de o líder católico quebrar o protocolo e, com sinceridade, fazer-lhe um pedido inesperado, "inimaginável", "incrível".

SUGESTÃO

Surpreenda as pessoas, aprendendo a falar o idioma secreto delas.

Comunicar

Tudo o que se comunica, hoje, pretende alcançar o maior número possível de pessoas, que estejam no maior número possível de lugares e em todos os períodos de tempo possíveis.

Em outras palavras, comunicar é comunicar 24/7, é distribuir informações, notícias, comentários e opiniões para tudo quanto é lado, o tempo todo, para todo mundo, pondo "em comum" (como ensina a etimologia do verbo "comunicar") aquilo que, no passado, ficaria restrito ao conhecimento de alguns privilegiados.

Na década de 1970, o bordão "quem não se comunica se trumbica" era repetido à exaustão por um dos maiores comunicadores de rádio e televisão do Brasil daquela época, o pernambucano Abelardo Barbosa, mais conhecido como Chacrinha. A frase caiu na boca do povo: quem não se comunica não tem sucesso, não progride, não cresce.

Esse imperativo comunicacional decorria, em boa parte, do reinado quase absoluto da televisão naquele momento. Os telejornais influenciavam milhões de pessoas. As telenovelas (sucessoras das radionovelas) alcançavam altíssimos índices de audiência. Um fenômeno como o televangelismo (uso da televisão para pregar a fé cristã) se ampliava dos Estados Unidos para o mundo inteiro. E havia um outro "tele" ainda: sonhava-se com o dia em que todas as pessoas teriam um telefone (um telemóvel, um telefone celular) para chamar de seu.

Em meio às mudanças arbitrárias que o currículo da educação brasileira sofreu na mesma década de 1970, em pleno regime de exceção, o surgimento da disciplina "Comunicação e expressão" refletia também os estudos linguísticos que, desde inícios da década anterior, ganharam prestígio crescente na universidade e, aos poucos, integravam a formação dos professores de língua portuguesa.

"MEUS PACIENTES ASSUMIAM O COMPROMISSO DE ME COMUNICAR TODAS AS SUAS IDEIAS E PENSAMENTOS."
(Sigmund Freud)

Em 1973 publica-se o livro *As impurezas do branco*, de Carlos Drummond de Andrade. O poema de abertura é um louvor ao "Deus komunikão", ao "Deus kom unik assão", ao "deus da buzina" (alusão ao Chacrinha), ao "Senhor dos lares", "dos lupanares", dos "projetos" e do "pré-alfabeto". Um deus, enfim, que a tudo sacraliza e profana ao mesmo tempo, ocupando sem pudor todos os espaços e cabeças.

A certeira ironia de Drummond, nesse poema, está em ter captado que essa divindade onipresente, que irmana a todos numa linguagem comum, unindo Manaus e Birmânia, pavão e Pavone, pavio e povo, pangaré e Pan (isto é, a totalidade), tende a massificar a humanidade, igualar a todos, dissolver o específico das comunidades, empobrecendo as individualidades, tornando tudo consumível e descartável.

Chegaríamos (ele avisava) a uma perigosa saturação, fartos de tanto "komunikar", de tanto "blablabum". A onomatopeia criada pelo poeta, "blablabum", remete ao blá-blá-blá, à conversa oca, sem conteúdo, com o acréscimo do "bum", o ruído estrondoso e repentino, a pancada, o golpe, o tiro, a explosão, o fim do mundo.

O poema termina em forma de oração:

Senhor! Senhor!
quem vos salvará
de vossa própria, de vossa terríbil
estremendona
inkomunikhassão?

Querer de modo obsessivo comunicar tudo aos telespectadores, aos internautas, aos terapeutas, ou aos alunos é humanamente impossível e talvez prejudicial.

As experiências mais profundas são incomunicáveis.

SUGESTÃO

> Comunique-se bem, distinguindo o essencial do ocasional.

Convencer

O linguista e semioticista Izidoro Blikstein, em seu livro *Falar em público e convencer*, defende que cada pessoa mantenha seu estilo de falar, seu próprio modo de expressão. No entanto, propõe também que tomemos consciência de eventuais qualidades não aproveitadas e de falhas evitáveis, a fim de que nossas apresentações verbais sejam mais claras, concisas e convincentes.

Para convencer alguém, é necessário que eu esteja convicto das ideias que pretendo transmitir. Ou, em termos pedagógicos, para que minhas aulas convençam os alunos a pesquisarem, aprofundarem, estudarem determinado tema, preciso transbordar em minha exposição como alguém que evidentemente estuda, pesquisa com profundidade e sente alegria em aprender.

A convicção docente de que nossa profissão é medular para a sociedade nos impulsiona a aprender para ensinar (conhecimento, conteúdo, experiência, interpretação) e a aprender a ensinar (didática, boa pronúncia, expressão corporal, argumentação, empatia).

Não basta ter o que ensinar. Aliás, ensinaremos melhor se o fizermos de um modo firme, prazeroso e cheio de entusiasmo.

Izidoro Blikstein vê o autoconhecimento como um dos pilares da boa comunicação oral. Quem possui um conhecimento honesto de si mesmo saberá desenvolver suas habilidades comunicativas e corrigir o que for impróprio ou ineficaz.

O autoconhecimento possui vários níveis. O mais radical diz respeito à nossa jornada pessoal, única, em busca da autorrealização. O autoconhecimento necessário para falar de modo persuasivo não precisa ir tão longe. Basta uma atenta autopercepção quanto ao nosso desempenho verbal.

Essa autopercepção inclui o tipo de linguagem que usamos (agressiva ou amena, profunda ou superficial), inclui verborragia ou concisão, vocabulário limitado ou abrangente, redundâncias intencionais ou involuntárias, lugares-comuns empobrecedores ou neologismos criativos, estereótipos preconceituosos ou desconstrução de estereótipos, piadas adequadas ou inconvenientes, etc.

"VARGAS LLOSA ME CONVENCEU DE QUE UM BOM ROMANCE MUDA O MUNDO."

(Clovis Ultramari)

Tenhamos muita ou pouca experiência como docentes, sempre é possível descobrir modos de ser mais claros e de convencer quem nos ouve a adotar uma conduta, a "comprar" uma ideia, ou a se encantar com novos aprendizados.

Convencer é persuadir. Blikstein relembra que "persuadir" liga-se à noção de "suavidade". Vejamos como esta ligação ocorre.

No latim, *persuadere* é composto pela preposição *per-* (indicando reforço, intensidade) + o verbo *suadere* ("aconselhar", "urgir"). Este verbo provém de um presumível *swād*, do tronco indo-europeu, que mais tarde produziria *suavis* em latim, *sweet* em inglês e "suave" em português.

Há vários significados entrelaçados, e desdobramentos.

Persuadir é falar com doçura, suavemente, amavelmente, melodiosamente, harmoniosamente, procurando encantar quem nos escuta. Lembrando que, em contraste com o verbo "persuadir", dispomos ainda de "dissuadir" e "despersuadir", no sentido de convencer alguém a mudar de ideia ou abdicar de um comportamento.

Nossas palavras devem ter suavidade intensa, firmeza sutil, força não violenta, segurança não arrogante, humildade real. Tais palavras poderão levar os nossos alunos a se engajarem em novas atividades, a se envolverem em projetos de pesquisa, a lerem mais e melhor.

SUGESTÃO

Teste suas convicções. Repense suas convicções. Aprofunde suas convicções.

Conversar

De certo modo, quando converso "com meus botões", quando faço ponderações numa espécie de diálogo solitário, atuo como falante e ouvinte de mim mesmo. No entanto, a rigor, isso não é uma conversa.

Tampouco podemos chamar de conversa o que ocorre quando as "vozes" típicas da esquizofrenia, acusadoras ou zombeteiras, discutem interiormente com quem padece desse mal.

Numa conversa real, com duas ou mais pessoais reais, a fala e a escuta são complementares. Um fala e os outros escutam. E então um dos outros começa a falar, e os demais se calam para ouvi-lo. O respeito mútuo é uma das regras fundamentais da arte de conversar.

Outra regra essencial: não se omitir. Kafka, obcecado observador do comportamento humano, perguntava a si mesmo em que momentos e quantas vezes, num grupo, por exemplo, de oito pessoas conversando, conviria a alguém tomar a palavra para não parecer demasiado introvertido, deselegante ou desinteressado.

Existem, basicamente, dois tipos de conversa. A que se assemelha a um tranquilo pingue-pongue entre amigos, e a que envolve o desejo de convencer o outro.

A expressão "jogar conversa fora" aponta para a conversa relaxante, informal, descontraída, que pode ser informativa e esclarecedora, mas não tem grandes objetivos a não ser fortalecer laços de parentesco, parceria ou amizade, o que não deixa de ser um objetivo e tanto.

Por outro lado, não faz muito tempo, surgiu, em blogues, *podcasts* e *lives*, a frase "jogar conversa dentro". Desse modo, os conversantes estariam dispostos a contrastar pontos de vista, sem medo de aprofundar, divergir, argumentar.

"ADORO CONVERSAR SOBRE RIOS, PEIXES E PESCARIAS."
(Paulo Mendes Campos)

Uma das tarefas dos professores é ensinar aos alunos em que consiste uma autêntica conversa. Aula não pode ser monólogo docente, nem, no extremo oposto, algazarra em que todo mundo fala ao mesmo tempo sobre tudo e sobre nada.

Aula não é bate-papo, conversa ligeira sobre temas aleatórios, sem rumo definido, pedagogia à deriva. Também não é uma conferência solene, densa, em que a voz do professor devesse reinar em meio ao silêncio absoluto da plateia discente.

A aula dialogada como opção metodológica em nossa prática docente recupera, de certo modo, a maneira socrática de ensinar. O docente exercerá a função de "perguntador", convidando os alunos a fazerem descobertas pessoais. E os alunos formularão suas perguntas ao professor, à professora, que terão a chance de apresentar novos conteúdos, novas teorias, novos conceitos, novas abordagens.

Nesse tipo de diálogo, não cabe a arrogância. Já não faz sentido o argumento de autoridade "eu-sei-você-não-sabe" ou o autoritarismo obsoleto "cale-a-boca-enquanto-eu-falo". Trata-se de uma conversa aberta, livre, respeitosa, na qual os professores aprendem com os alunos melhores formas de ensinar, preservando-se o lugar de cada um: professores são professores, alunos são alunos.

Trabalhar de maneira dialogada é antiquíssima "tecnologia" educacional. Nessa sintonia conversacional, a curiosidade dos falantes recupera sua centralidade, com o auxílio (por que não?) dos recursos da telemática, da internet, da inteligência artificial, dos inúmeros aplicativos disponíveis.

Todas as linguagens midiáticas empregadas para pesquisar, interagir e aprender encontrarão sempre sua fonte primária na inesgotável criatividade da fala humana.

Todas as metamorfoses operadas pela Idade Mídia são bem-vindas.

SUGESTÃO

Em suas conversas, preste renovada
atenção a cada palavra que lhe disserem.

Dialogar

Haveria alguma diferença entre conversar e dialogar? Embora compartilhem traços semânticos, sabemos que não há sinônimos perfeitos.

O que é propriamente "dialogar", em comparação com "conversar"? Seria "conversa" um hipônimo específico, de menor abrangência do que o hiperônimo "diálogo", que o abarca, a exemplo da "rosa" que é uma "flor", do "gato" que é um "felino", do "pardal" que é um "pássaro"?

Perguntando de outro modo: podemos dizer que toda e qualquer conversa é um diálogo, mas nem todo diálogo é uma conversa?

Dialogar é conversar, prosear, papear, debater, entrevistar, mas esses e outros termos que habitam o mesmo campo de significado possuem conotações específicas e adquirem sentidos próprios, a depender dos contextos e das intenções dos falantes.

Analisemos mais de perto essas duas palavras, "conversa" e "diálogo".

O prefixo *con-* ("junto de") em "conversa" (assim como em "congresso", "convenção", "confraria") sugere convergência, um movimento de pessoas em direção umas às outras. O tema em torno do qual se vai pensar e sobre o qual se vai conversar atrai as pessoas para estarem juntas, em espírito de convivência.

Já a etimologia de "diálogo" aponta para a circulação da própria fala, para além dos temas em pauta. O prefixo grego *dia-* ("através de", "em direção ao outro lado") unido a *logos* ("palavra" e "fala" em grego) faz pensar num fluir da linguagem entre os participantes. São as palavras que "andam" no meio de nós, fazendo emergir na consciência dos dialogantes nova compreensão da realidade e de si mesmos.

"TODO DIÁLOGO É UMA PROPOSTA DE CONHECIMENTO MÚTUO E UMA REDEFINIÇÃO ESTRATÉGICA DO EU."
(George Steiner)

Surgiu uma crença etimológica equivocada (no século XVI) de que "diálogo" seria uma "conversa entre apenas duas pessoas". Fazia-se confusão entre os prefixos *dia-* e *dis-* ("dois"), a ponto de alguns eruditos terem proposto neologismos como "trílogo" ou "triálogo" (três pessoas dialogando), "quadrílogo" ou "tetrálogo" (quatro pessoas) e "polílogo" ou "multílogo" (inumeráveis pessoas em diálogo).

Dispensemos esses neologismos, pois todos estamos convidados a dialogar. De qualquer forma, a ideia de que o diálogo seria tão somente uma "conversa entre duas pessoas" gerou, no século XIX, o termo "duólogo" em oposição a "monólogo".

Um diálogo, por vezes, torna-se "duélogo", enfrentamento entre duas pessoas ou dois grupos. Quanto mais belicosos nossos debates, menos dialogais. O risco está em perdermos a confiança na força das palavras, indo às vias de fato.

Os diálogos de Sócrates continuam sendo modelo pedagógico inspirador: teórico e prático, nem informativo demais nem de menos, pertinente, sensato, disruptivo, coerente, claro, rigoroso (sem rigorismos inúteis), irônico e crítico (sempre com elegância).

No *Laques*, em que Sócrates reflete sobre a virtude da coragem e a educação dos jovens, Platão faz o general Laques pronunciar as seguintes palavras, elogiosas a toda pessoa que tenha aprendido a dialogar de verdade:

> *Quando ouço alguém dialogar sobre a virtude ou sobre algum tipo de sabedoria, alguém verdadeiramente humano que esteja à altura de suas próprias palavras, eu me alegro grandemente, contemplando a harmonia existente entre quem fala e aquilo que fala.*

SUGESTÃO

Procure conversar mais com pessoas que saibam dialogar.

Dicção

Em sentido direto, dicção é o modo como pronunciamos as palavras. Por extensão e ampliação, é o modo como, ao falar, escolhemos e combinamos essas palavras, tendo em vista um objetivo comunicativo.

Para os professores, as duas frentes de batalha se complementam. Percebe-se um duplo esforço: ter boa dicção, expressão vocal clara, agradável de se ouvir, e criar um estilo de fala que toque a mente e os corações das pessoas a quem nos dirigimos.

O escritor e tradutor japonês Haruki Murakami conta em seu livro *Do que eu falo quando eu falo de corrida* como encara esses dois aspectos da exposição oral (a dicção e o estilo de linguagem), quando precisa palestrar em inglês:

> *Antes de subir no palco tenho de memorizar uma fala de trinta ou quarenta minutos em inglês. Se você se limita a ler um discurso que escreveu, o negócio todo parece insosso para o público. Tenho de escolher palavras que sejam fáceis de pronunciar, de modo que as pessoas consigam me entender, e me lembrar de fazer o público rir e se sentir à vontade.*

Tenho de transmitir a quem está escutando uma percepção de quem eu sou. Mesmo que por um tempo curto, tenho de fazer o público ficar do meu lado, se quero sua atenção. E a fim de conseguir isso, preciso praticar a palestra inúmeras vezes, o que requer um bocado de esforço. Mas também tem a recompensa que vem com o novo desafio.

Os cuidados de Murakami para falar em público num idioma estrangeiro são exemplares. Devemos ter em mente algo desse tipo de planejamento. Não se trata de decorar discursos em nossa própria língua, mas sem dúvida precisamos pronunciar as palavras sem atropelos, e fazer os ouvintes ficarem do nosso lado, atentos ao que queremos dizer.

"EU TE AMOAMOAMOAMOAMO."
(Carlos Drummond de Andrade)

Um dos maiores oradores da antiga Grécia, Demóstenes (no século IV a.C.), sofria inicialmente de gagueira, mas, conforme revela Plutarco, libertou-se do problema e adquiriu uma dicção compreensível, obrigando-se a falar com pequenas pedras na boca. Exercitava sua voz declamando frases e recitando versos de um só fôlego, diante de um espelho em sua casa. O segredo do aperfeiçoamento da dicção é praticar, praticar e praticar.

Além de conhecer melhor nossos pontos fracos, e treinar para superá-los, é fundamental aprender a escutar bons professores, bons oradores, bons palestrantes, bons debatedores. Mortimer Adler faz essa comparação: assim como escrever bem requer a prática de uma leitura atenta e criteriosa, o nosso aperfeiçoamento como falantes depende de nossa habilidade para escutar.

O conselho é simples, embora exigente: precisamos escutar pessoas que falem bem, prestando atenção à sua pronúncia clara, marcante, pausada, e à exposição inteligente de seus argumentos. Não é prioritário concordar ou deixar de concordar com o que é dito. Devemos nos concentrar (e admirar) os bons desempenhos.

Adler observa que, em geral, não somos ensinados a escutar. Talvez isso se deva à crença de que é um dom natural e que, por isso, prescinde de treinamento específico.

Ouvir, de fato, é uma função inerente ao ouvido.

Escutar, porém, e escutar bem, faz parte do aprendizado de quem deseja falar melhor.

SUGESTÃO ▬▬▬▬▬▬▬▬▬▬▬▬▬▬▬▬▬▬

> Leia em voz alta, pausadamente, saboreando cada palavra.

Didática

Para tornar a atividade educativa mais dinâmica e eficiente, recorremos à didática.

Em parte, por temperamento, em parte por influência externa, podemos nos inclinar para uma didática mais artística, mais lúdica, ou para uma didática que se apoie em preceitos científicos.

Nenhuma das duas, contudo, deve recair na aula meramente expositiva, instrucionista, feita para os alunos copiarem, decorarem e repetirem definições, regras, fórmulas, etc. Como critério válido para todos os casos, o objetivo é partir dos conhecimentos que esses alunos já possuem, convidando-os a pensar de modo crítico (e autocrítico), e a realizar suas próprias descobertas em todo e qualquer campo do saber.

São habilidades didáticas valiosas saber explicar, apresentar exemplos concretos, motivar a reflexão pessoal e organizar a colaboração intelectual entre todos. Mais do que transmitir conteúdos unilateralmente, ser didático é dar espaço para que os outros aprendam, exercitem a curiosidade, confiem em sua própria capacidade de estudar, entreguem-se à pesquisa.

Não existe neutralidade ou impessoalidade na didática. As explicações que damos, os exemplos que escolhemos e o modo como orientamos os alunos a progredir recebem a "nossa cara", que corresponde à nossa visão de mundo. Não somos robôs, e, caso o fôssemos, "pensaríamos" e "ensinaríamos" de acordo com a visão de mundo dos nossos fabricantes e programadores.

Se ensinar é transbordar, tal transbordamento provém do nosso conteúdo pessoal, em que saberes, experiências, escolhas, interpretações e opiniões se articulam.

"NAS ESCOLAS, DEVE–SE ENSINAR TUDO A TODOS."
(Jan Amos Comenius)

Uma atitude didática saudável, honesta, consiste em que deixemos bem claro qual é a nossa visão de mundo, e que não há a menor intenção de doutrinar quem quer seja. Segundo uma boa teoria didática, trata-se de trabalhar para que os conhecimentos aprendidos pelos alunos se integrem ao seu próprio conteúdo de vida e adquiram valor funcional.

A própria didática funciona bem quando distinguimos os denominadores comuns (aquilo que vale para todos) do que é específico dos diferentes indivíduos. Apesar de eventuais atritos, o plural e o singular não entrarão em colisão se soubermos adjetivar sem preconceitos, flexionar com critério, coordenar com generosidade, conjugar adequadamente.

O ideal de ensinar tudo a todos, próprio de um tempo (ao menos antes do século XIX) em que o "tudo" talvez ainda fosse possível vislumbrar (por alguns visionários), e o "todos" ainda era mais restrito do que hoje é, tal ideal merece ser retomado numa perspectiva mais humilde e realista.

Jamais poderemos ensinar tudo a todos. O que provoca perguntas.

O que é possível ensinar? O que é necessário ensinar? Quais são os nossos limites? Quais são os nossos horizontes? A quantos podemos alcançar? Como alcançar e incluir cada vez maior número de pessoas?

Didática é também selecionar o que se pretende ensinar. Exige de nós vigilância ética sobre nossa própria maneira de ver as coisas e consciência a respeito do contexto social e cultural dos estudantes.

Tomadas de decisão sobre o que ensinar (conteúdo) e a quem ensinar (aprendentes) estão conectadas ao modo de ensinar (didática).

SUGESTÃO

Ensine tudo o que você sabe
com objetividade e criatividade.

Eloquência

A antiga regra latina *"rem tene, verba sequentur"* ("conheça bem o tema e as palavras virão em sequência") ensina que os assuntos estudados estão necessariamente ligados à linguagem que a eles se refere.

Tal afirmação pode parecer óbvia e inútil. Mas veremos que não é o caso, numa leitura mais cuidadosa da frase.

O verbo *tenere* em sua forma imperativa, *tene*, guarda algumas possibilidades. A regra da eloquência nos diz que precisamos conhecer o tema (*res*, a coisa concreta, real) de modo radical. É preciso "segurar" o tema, mantê-lo sob os olhos com tenacidade, a fim de conhecê-lo bem. A recomendação é que sejamos persistentes. A intimidade decorrente dessa atitude de radicalidade nos deixará entusiasmados quando surgir uma chance de falar a respeito.

Tenere é também "ter em mente" e "reter na memória". Quando estamos mergulhados em alguma pesquisa, não é difícil guardar definições e conceitos *by heart*, *par coeur*, dispensando a decoreba, pois haverá uma afetividade envolvida, um gostar verdadeiro.

Quando temos algo no coração, na mente e na memória, as palavras fluem, transbordam.

Indo um pouco mais longe, *tenere* é "cativar". Quem se aprofunda em determinado assunto e começa a fazer descobertas importantes, significativas, experimenta a satisfação interior, o gozo intelectual. Quando somos fisgados por um tema de pesquisa, sentimo-nos paradoxalmente aprisionados e livres.

Quem cativa sente-se também cativado. Encantados com uma temática de nosso interesse, surge a paixão, e a paixão impulsiona as palavras.

"A VERDADEIRA ELOQUÊNCIA ZOMBA DA ELOQUÊNCIA."

(Blaise Pascal)

Ser eloquente não é falar de modo empolado, para impressionar auditórios. Não é preciso se perfilar para falar, como se a sua palavra fosse o próprio Hino Nacional, como alfinetava Nelson Rodrigues um orador pretensioso do seu tempo.

Uma pessoa eloquente causará ótima impressão, sem dúvida, mais pela simplicidade do que pela sofisticação, mais pelo despojamento do que pelo pedantismo.

Conforme o filósofo francês Étienne Souriau explica em seu *Vocabulaire d'esthétique* [Vocabulário de estética], a eloquência genuína pode estar presente em discursos relativamente longos, para circunstâncias especiais, ou em formas breves, como num diálogo. E acrescenta que um dos segredos da arte de falar em público é identificar o perfil dos ouvintes, e saber adaptar-se a eles.

Nesse sentido, há vários tipos de eloquência: a eloquência jurídica, a eloquência política, a eloquência religiosa, a eloquência militar, a eloquência empresarial, etc. Cada um desses públicos tem expectativas e valores a serem levados em conta.

Quanto à eloquência docente, comporta algumas subdivisões, em função dos diferentes públicos: o público infantil, o público adolescente, o público dos jovens universitários, o público dos pais, o público dos próprios professores. Como falar para cada um deles com naturalidade, em sintonia pedagógica?

Uma das batalhas para obter e cultivar essa naturalidade consiste em escolher as palavras certas na hora de exprimirmos o que queremos dizer. As palavras certas, como a luz do dia, iluminam sem chamar a atenção. É mais fácil perceber uma palavra inadequada do que as milhares de outras que dizem o que se pretende dizer.

A propósito, dizia um humorista experiente que cada coisa já nasce grudada numa palavra, e que até uma dor expressa por um "ai" é muito diferente de uma dor expressa por um "ui".

SUGESTÃO

Ofereça ao público suas melhores palavras.

Ênfase

Um jornalista carioca muito brincalhão, jornalista das antigas, costumava dizer ao motorista de táxi, a caminho do trabalho, com fingida voz aflita: "Por favor, por favor, temos que voltar! Esqueci a ênfase em casa!". E vários taxistas acreditavam!

Em nossas aulas muitas vezes é necessário mostrar a relevância de algum conceito, de alguma teoria. Para isso, precisamos de recursos enfáticos.

Aumentar em demasia o tom de voz, partir para a estridência, é o expediente mais fraco. Leva a suspeitar de alguma insegurança. Devemos conhecer as potencialidades da linguagem veemente. Gritar com os ouvintes faz com que se afastem ou se façam de surdos.

Outra recomendação: não enfatizemos o que não precisa ser enfatizado. Não devemos gastar vela com mau defunto, como se diz popularmente.

Uma forma simples de enfatizar é exprimir o desejo sincero de fazê-lo, empregando o próprio verbo "enfatizar" – "gostaria de enfatizar...", "é importante enfatizar...", "eu enfatizo..." –, ou o substantivo "ênfase"

– "minha ênfase", "esta ênfase". Acrescentar advérbios é boa opção: "enfatizo fortemente", "enfatizo claramente".

Ao pesquisarmos o tema da ênfase na língua falada, encontramos o recorte silábico. O livro que você leu é sensacional? Mas é sensacional mesmo? Então você dirá: "esse livro é SEN-SA-CIO-NAL". Encontramos também o recurso fônico de alongar a vogal da sílaba tônica de uma palavra. Se a mentira é muito grande, direi "é mentiiiiiira". Se o poema é pra lá de formidável, direi "é formidáááááável".

Uma estratégia sutil para enfatizar uma frase ou uma palavra é a "pausa dramática". Um breve silêncio *antes* anuncia que algo de relevo será dito. Um breve silêncio *depois* aponta para a importância do que se disse há pouco. E temos o "silêncio enfático". O próprio silêncio um pouco mais prolongado dando a entender algo essencial.

"ENFATIZO, CORROBORO, MULTIPLICO E UNIVERSALIZO A MINHA MENSAGEM."
(Waldo Motta)

Outro recurso sutil? A interrogação enfática. Uma frase direta como "tudo aquilo foi inútil", que dava por encerrado determinado processo, torna-se "tudo aquilo foi inútil?", provocando reflexão, reabrindo caminhos.

Repetições enfáticas ocupam lugar especial na oratória.

Esse tipo de ênfase ocorre com a repetição, por exemplo, de um sufixo: "o público aplaudiu o artista insistentemente, demoradamente, calorosamente"; ou de uma conjunção: "meu celular já não toca, nem ouve, nem fala, nem late, nem nada".

A negação enfática extrai da repetição força adicional. Vai aqui exemplo útil para situações indesejáveis: "não, não quero, não quero e não quero!". Quanto à afirmação enfática, caberá em circunstâncias interessantes: "sim, vamos, vamos, vamos, sim!".

Repetir palavras é lhes dar mais vida. O advérbio "sempre" torna-se mais perene se estiver acompanhado: "eu sempre, sempre, sempre desejei publicar um livro". O advérbio "muito", sozinho, não é muito... Mas se o multiplicamos, dizendo frases como "ele era muito, muito, muito inteligente", o "muito" se intensifica muito!

Não poderia omitir, por fim, o pleonasmo enfático. Lançar mão dessa figura de linguagem, porém, é sempre (sempre, sempre) tarefa muiiiiiiito arriscada.

O pleonasmo será mera redundância se não for brilhante.

Conta-se, a propósito, que o poeta Décio Pignatari, referindo-se a movimentos literários e sociais, dizia singelamente que "movimentos movimentam".

SUGESTÃO

Seja enfático, faça as palavras se movimentarem.

Entoação

A vivacidade da fala confere consistência e beleza a uma aula, palestra ou conferência. Sem dúvida, o conteúdo é importante, mas a expressividade da voz é insubstituível.

O vigor de uma exposição conquista a atenção e a adesão do público. Ao dar à minha fala determinada inflexão, querendo realizar essa conquista, suscitar essa proximidade, talvez eu perca em termos de exatidão. A fala viva pende mais para a emoção, afastando-nos um pouco do rigor do pensamento.

Contudo, ambicionamos a união dos dois aspectos: a entoação viva (referente ao não dito, àquilo que emociona, envolve, entusiasma) unindo-se ao pensamento rigoroso (referente àquilo que se diz e possui significado explícito).

O linguista russo Valentin Volóchinov explicava que a entoação "estabelece um vínculo estreito entre a palavra e o contexto extraverbal: a entoação parece conduzir a palavra para além das fronteiras verbais". Para Volóchinov, a entoação como fio condutor das relações entre os falantes concentra-se no mundo exterior, nas ações dos grupos sociais, nas ideologias em luta e nos juízos de valor implicados.

Ampliando um pouco mais as coisas, sem esquecer os aspectos externos, olhemos também para as dimensões profundas do mundo interior de falantes e ouvintes: sentimentos guardados, desejos obscuros, sonhos inconfessáveis, afetos longínquos, intuições vagas, mágoas ocultas, lembranças recusadas, tudo isso recebe a visita das palavras entoadas, das palavras *bem ditas*.

O alcance da entoação em direção ao que está fora da linguagem supera expectativas. Penetra as almas. Desvela. Palavras entoadas sugerem que o incompreensível é compreensível.

"MINHA ENTOAÇÃO NÃO TEM ENTOAÇÕES. INFORMAÇÕES."
(Ana Cristina Cesar)

A entoação, vale frisar, é apenas um dos muitos recursos vocais de que dispomos. A fonoterapeuta e especialista em voz Lucia Helena Gayotto, em seu livro *Voz: partitura da ação*, menciona vários outros, como a projeção, o volume, o ritmo, a velocidade, a cadência, a fluência, a duração, a pausa e a ênfase. A entoação contribui para que venham à tona, de um lado e de outro, do lado docente e do lado discente, sensações que devem contribuir para a arte de ensinar e de aprender.

Em curvas ascendentes e descendentes, a entoação, como define o *Dicionário de linguística* de Jean Dubois, "contém os elementos de informação afetivos, conotativos, estéticos, pelos quais os sentimentos e as emoções se unem à expressão das ideias".

Há algo de dramático nisso tudo, no sentido teatral do termo. A entoação zero de uma "fala robótica" está, portanto, fora de cogitação. A enunciação das palavras, com maior ou menor controle de nossa parte, vem acompanhada pelas informações da entoação: a interrogação, a indignação, a acolhida, o elogio, a incredulidade, a alegria, a calma, a censura, a surpresa, a cortesia, etc.

No contexto educacional, a entoação não é fato secundário. Sua importância reside na influência que exerce sobre a sensibilidade dos alunos. Podemos catalisar situações extremamente favoráveis de interação, se acertarmos o tom. Uma boa inflexão de voz, associada à representação fisionômica e à linguagem gestual, desencadeia (tira cadeados de) valiosos processos de aprendizado.

A intensa troca comunicativa em sala de aula escapa às medições convencionais e, como sabemos por experiência, garante ao menos uma coisa: de tédio não morreremos.

SUGESTÃO

Aprenda a modular sua voz observando o trabalho de grandes atrizes e atores.

Escuta

O filósofo chileno Rafael Echeverría define a escuta como uma das competências mais importantes de um ser humano:

Graças à escuta, construímos nossas relações pessoais, interpretamos a vida, projetamo-nos em direção ao futuro e definimos nossa capacidade de aprendizado e de transformação do mundo. Ela desempenha um papel determinante, tanto em nossa capacidade de encontrar satisfação na vida, como em assegurar altos níveis de efetividade em nosso atuar.

Como ato de linguagem, a escuta nada tem de passiva. Acrescentar à palavra o adjetivo "ativa" é talvez mera redundância. A escuta ou é ativa ou não é escuta.

Se, num mundo distópico, todos falassem e ninguém escutasse ninguém, a solidão seria devastadora. Quem suportaria viver sem ser escutado? Todos falariam sozinhos, privados de um sentido para sua própria fala.

Todos desejamos encontrar alguém que nos escute. Momo, a delicada personagem do escritor alemão Michael Ende, escutava a todos:

O que Momo sabia fazer melhor do que ninguém era escutar. Muitos leitores devem estar achando que isso não é nada de mais, que qualquer um sabe escutar. Mas é engano. Muito pouca gente sabe escutar de verdade. E o jeito de Momo escutar era muito especial.

Momo escutava de tal modo que as ideias acertadas acabavam surgindo na cabeça de alguém que estivesse meio desorientado. Não é que ela dissesse ou perguntasse alguma coisa que levasse a pessoa a pensar de determinada maneira. A menina só ficava ali sentada, escutando com atenção e simpatia [...].

Momo escutava de um jeito que fazia os desesperados ou hesitantes de repente saberem o que queriam; ou os tímidos "sentirem-se à vontade e confiantes; os infelizes e oprimidos sentirem-se felizes e cheios de esperança. Quando alguém achava que sua vida não tinha sentido, acreditando-se um fracassado, apenas um ser entre milhões, sem qualquer importância e tão fácil de ser substituído" como um prato quebrado, ia procurar a menina. Então, à medida que contava suas desventuras, a pessoa ia percebendo que, fosse ela o que fosse, era uma pessoa única no mundo inteiro [...].

"É IMPOSSÍVEL AMAR AS PESSOAS, SE NÃO QUISERMOS ESCUTÁ-LAS."
(Morton Kelsey)

Escutar ativamente é também inspirador para quem escuta. Após praticar a boa escuta, o escutador toma a palavra, e assume o papel de falante, sabendo o quanto é valiosa a disposição do outro para escutá-lo agora.

Como praticante da escuta atenta, tomarei ciência de elementos que vão determinar a eficácia das minhas palavras. Mediante a escuta capto as inquietações e expectativas da pessoa a quem pretendo dizer algo que valha a pena ser ouvido.

Se eu só falo para escutar a mim mesmo, para atender às minhas necessidades, dificilmente serei escutado. O melhor dos mundos na comunicação humana é encontrarmos temas que interessem aos meus interlocutores tanto quanto a mim.

É claro que a escuta, por maior que seja nossa boa vontade, está sujeita a se equivocar. Não temos um ouvido absolutamente solidário, totalmente aberto à realidade do outro. Por vezes, supomos, arbitrariamente, ter escutado o que queríamos escutar. Ou permanecemos surdos a algo que não gostaríamos de ouvir.

SUGESTÃO

Pratique diariamente o exercício de escutar.

Foco

Ter foco em nossa fala pressupõe ter foco em nossos objetivos. Na educação, o foco é o aprendizado dos alunos. Nossas palavras precisam convergir nessa direção.

Em latim, *focus* era a lareira onde se acendia o fogo. Com o tempo, passou a designar o próprio fogo, do qual recebemos calor e luz. Nossos olhos são atraídos pelo fogo. Contemplamos as labaredas do fogo. Trata-se de um fogo vivo, mas controlado, que não sairá da casa em que foi aceso.

Essa imagem do fogo doméstico sugere que, para concentrar minha atenção em algo, preciso identificar nesse "algo" uma fonte de energia e de criação. O fogo gera o fogo. Quando focamos em algo, ficamos ainda mais focados, mais atentos, mais intensos em nossa atuação.

Focar no aprendizado dos alunos nos dá um rumo claro, nos fortalece como professores. E fortalece nossas palavras, na medida em que vencemos a dispersão e nos tornamos aptos a ajudar os alunos a serem mais focados também naquilo que interessa.

Num livro dedicado ao tema, Daniel Goleman compara didaticamente o comportamento de duas pessoas numa festa.

Primeiro, temos uma pessoa focada na conversa com um amigo. Seus olhos e ouvidos não desgrudam dele. Não se distrai por nada. As vozes dos demais convidados parecem distantes. Não a incomodam. Consegue manter-se assim por um tempo prolongado. Está apreendendo bem e entendendo com profundidade o que seu amigo lhe diz.

Já a pessoa que não está focada, estabelece interações rápidas e passageiras com meio mundo. O olhar passeia ao redor. Não se fixa em nada. Sua atenção está à deriva. Seus pensamentos variam conforme as cenas e temas que se sucedem.

"A GENTE TEM QUE TER FOCO, TEM QUE QUERER MUITO ALGO E, PARA CONSEGUIR, NÃO BASTA SÓ SONHAR."
(Ana Botafogo)

Certamente a pessoa não focada recebe uma avalanche interessantíssima de informações variadas, mas são frases soltas, gestos isolados, olhares esquivos, mensagens incompletas da realidade. A falta de foco provoca a fragmentação. E a desrealização da própria festa.

Desde o início do século XXI, nossa capacidade de foco vem diminuindo seriamente a cada dia, em razão do tecnovício. O vício em tecnologia informativa, em tecnologia comunicativa, em tecnologia de entretenimento nos jogou para dentro dos ambientes virtuais. Podemos passar em média 10 horas por dia diante do computador ou manipulando o celular. Somos pautados pelas notificações dos aplicativos.

Uma regra social tácita nos autoriza hoje a ignorar quem está ao nosso lado ou à nossa frente, concentrando-nos exclusivamente num dispositivo eletrônico. Os tecnoviciados ou tecnodependentes não enxergam nisso um sinal de indelicadeza.

Estamos dopaminicamente obcecados pelas atividades digitais. Por motivos profissionais ou não, o negócio é estar plugado. É o que nos livra do tédio e nos dá prazer. O hiperfoco na sequência veloz de imagens, vídeos curtos e memes parece substituir as interações reais com pessoas reais em situações (e salas de aula) reais.

Pessoas tecnoviciadas têm dificuldade em manter o foco numa narrativa um pouco mais complexa ou numa exposição de ideias um pouco mais profunda.

Antes que o foco nas telas nos desfoque do essencial, precisamos reacender o fogo da criatividade, ler um livro do começo ao fim, e comentá-lo com os alunos.

SUGESTÃO

Desligue o celular e reencontre o prazer de conversar presencialmente.

Gafe

No século XIX, a palavra "gafe" era evitada por falantes brasileiros refratários a estrangeirismos. "Gafe" provinha do francês *gaffe*. Visto como galicismo desnecessário, recomendava-se, em seu lugar, o uso de palavras, tidas como nacionais, que tivessem o mesmo significado: "asneira", "fiasco", "rata".

Driblando os purismos linguísticos, *gaffe* naturalizou-se brasileira no século XX. Pelo preço de um "f", tornou-se "gafe". Foi integrada aos nossos dicionários. Ninguém mais percebeu nela nem o mais leve sotaque francês.

Chegamos ao século XXI, e "gafe" se tornou palavra vetusta. Tão vetusta quanto o próprio adjetivo "vetusta" – esses dois vocábulos correm o risco de serem esquecidos. A juventude acha estranha a palavra "gafe"; jovens e adolescentes preferem outros termos para indicar a indiscrição involuntária, a declaração desastrada, uma ação fora do lugar. Talvez chegue o dia em que "gafe" sairá do país por falta de emprego.

O que a palavra expressa, no entanto, corresponde a uma realidade sobre a qual há muitas histórias.

Contou-me certa vez uma professora, que, há mais de trinta anos, recém-ingressa no magistério, querendo que seus jovens alunos se sentissem à vontade, tentava dizer coisas divertidas. Chamava-os, por exemplo, de "energúmenos", pois achava a palavra engraçada. Um dia, porém, uma aluna levou o dicionário e mostrou à professora o verbete nada elogioso. Energúmeno é aquele que está possuído pelo demônio...

Gafes linguísticas são, na maioria das vezes, involuntárias. Mas existem também as que poderiam ser evitadas se houvesse um pouco mais de preparo e sensatez.

"JÁ COMETI AS MINHAS GAFES. SOU MESTRE NELAS, CONFESSO."
(Carlos Eduardo Falcão Uchôa)

Um professor cujo sobrenome era Amador, e assim era conhecido por todos na escola, costumava brincar com o nome dos alunos, durante a chamada: "Abel, você trouxe o papel?"; "Beatriz, você está feliz?"; "Conrado, tudo certo ou tudo errado?". As rimas sem graça refletiam lamentável atitude antipedagógica. E assim ele fazia sempre, até que uma aluna perdeu a paciência, e, antes que o professor brincasse mais uma vez com o nome dela, perguntou-lhe: "Professor Amador, o senhor por acaso é profissional?".

Cometer gafes é humano. Mas, exatamente por sermos humanos, ou seja, aperfeiçoáveis, devemos buscar formas de evitar esse tipo de vexame para nós próprios.

Uma primeira providência é reconhecer que somos "mestres" de nossas gafes. Admiti-las é aprender a não cometer outras.

Cometida uma gafe, o mais saudável é transformá-la em contraexemplo. Com esse gesto de honestidade pedagógica, nossos erros tornam-se um alerta para nós mesmos. E para os outros.

O professor Ronaldo Teixeira da Silva conta que, em 2009, visitando Berlim em missão diplomática, disse ele aos simpáticos anfitriões que desejava conhecer o muro de Berlim. A esse pedido seguiu-se um silêncio constrangedor. Só mais tarde, um dos intérpretes alemães esclareceu: "Podemos levá-lo para visitar uma parte do muro, mas não acho que valha a pena. Preciso lhe informar que o muro é uma das nossas vergonhas nacionais".

É cometendo gafes (sempre desagradáveis) que aprendemos a estudar, pesquisar e pensar antes de abrir a boca.

SUGESTÃO

Recordando as suas gafes, você se tornará mais prudente ao falar.

Histórias

É muito importante contar histórias para as crianças.

E para os adultos, como enfatiza Maria Elci Spaccaquerche em seu livro, de inspiração junguiana, *Histórias da vida e a vida nas estórias*.

As histórias são caminhos de invenção que nos trazem conteúdos verdadeiros a serem interpretados e integrados à nossa autoconsciência. Imaginadas a partir de coisas reais, as histórias nos fazem ver com mais clareza aquilo que não parece tão visível.

Não existem histórias inocentes. Narrativas em que objetos ganham vida, animais falam e seres humanos voam iluminam nosso cotidiano. Esses objetos vivos nos falam da vida, esses animais tagarelas nos ensinam a pensar e esses humanos voadores desatam nossa criatividade.

As histórias nos reservam surpresas e estranhezas. O boneco de madeira que começa a correr é capaz de matar um grilo falante. Um náufrago chega a uma ilha cujos habitantes têm apenas 15 centímetros de altura. Um pequeno extraterrestre vestido de príncipe dialoga com uma raposa do deserto sobre o sentido da amizade. Uma bela jovem e um homem monstruoso conversam, e este confessa que se considera um animal sem inteligência; mas a jovem discorda: "Ninguém é um animal quando julga não ter inteligência. Um tolo jamais diria isso".

O cruel Barba Azul assassinava suas esposas, até que uma mulher interrompeu a sequência de feminicídios. A respeito desse conto, a psicoterapeuta Verena Kast escreveu sobre a relação entre vítima e agressor, e sobre o modo como tendemos a assumir esses papéis. A autora mergulha nesse conto de fadas para compreender a complexidade dos relacionamentos e propor a superação de uma dinâmica destrutiva.

"E O CAVALO RESPONDEU: 'LÁ DE ONDE EU VENHO, QUASE TODOS OS ANIMAIS FALAM'."

(C. S. Lewis)

O psicólogo e educador Jerome Bruner referia-se ao pensamento narrativo como aquele que "subjuntiviza" a realidade. O verbo "subjuntivizar" remete ao possível, ao imaginário, à irrealidade, em contraste com outros dois verbos: "indicar" e "ordenar".

Indicamos o que existe – é o trabalho da comunicação científica. Ordenamos o que precisa ser feito – é o trabalho da comunicação gestora. Subjuntivizamos a realidade – é o trabalho da comunicação ficcional.

Caminhamos no mundo factual, mas é no mundo ficcional que sobrevoamos os problemas e obtemos novos pontos de vista. Há algo de subversivo nas histórias, que é justamente o que nos ajuda a preservar nossa liberdade mais profunda. Nossa liberdade criativa. Se estivermos exclusivamente dentro do factual, seremos muito eficazes e produtivos, mas, humanamente falando, deficitários.

Era uma vez um gato viajante que usava óculos, casaco e chapéu. Subiu num trem e se instalou no compartimento de primeira classe, onde já se encontravam três passageiros: uma senhora, um comendador e um rapaz.

Estaria aquele gato perdido? O gato explicou aos ali presentes que ele não tinha dono. Era um gato livre e soberano. Não o dizia com palavras humanas. Seus miados eram traduzidos pelo rapaz, que se mostrou exímio conhecedor da língua felina.

Como o gato entendia a fala humana? Falava "miadês"? Ou será que o rapaz estava enganando a todos, fingindo-se intérprete de gatos? Ou talvez fosse aquele gato um gato-robô? Esta história foi contada por um dos mais inventivos escritores italianos, Gianni Rodari. O final está em aberto, subjuntivizando o corriqueiro.

SUGESTÃO

Ouça mais histórias e as reconte para outras pessoas.

Improvisação

Improvisar é saber lidar com o imprevisível. Com o inesperado. Ou seja, com a própria vida.

Para o violinista de jazz Stéphane Grappelli, a improvisação é um mistério. Ninguém sabe ao certo como defini-la. Ao improvisar diante de uma plateia, o artista esquece que está diante de outras pessoas. Em suas palavras, "os grandes improvisadores são como sacerdotes: só pensam em seu deus". E isso ele dizia com conhecimento de causa, pois era um improvisador excepcional, dotado de uma perfeição técnica insuperável.

Todos nós temos um imenso potencial de improvisação. Para além do instintivo, imitativo e repetitivo, a que recorremos diante das necessidades exteriores, somos capazes de criar intencionalidades novas, comunicativas, em nosso cotidiano.

Podemos dar respostas novas a antigas perguntas. Inventar neologismos num momento de inspiração. Encontrar uma solução diferente para problemas insistentes.

Sempre existe um grau maior ou menor de imprevisibilidade no ato criador. Por mais que tenhamos planejado, treinado e ensaiado, é preciso fazer opções repentinas na hora do jogo, na hora da aula, na hora do vamos ver.

Já praticamos a improvisação diariamente, embora não o percebamos. Há improvisação em nossos movimentos corporais. Em nossas expressões faciais. Nossa própria fala é uma sucessão de atos de improvisação. Ninguém, em princípio, está devidamente preparado para conversar com uma pessoa que de forma alguma esperava encontrar. Na hora do encontro fortuito só há uma coisa a fazer: improvisar.

E improvisar comporta seus riscos. Se não tivermos algumas capacidades suficientemente desenvolvidas, na tal hora do vamos ver... podemos tropeçar, e cair.

"TALVEZ QUEM SABE O INESPERADO FAÇA UMA SURPRESA E TRAGA ALGUÉM QUE QUEIRA TE ESCUTAR."
(Johnny Alf)

Temos aqui um paradoxo. Por um lado, como afirma a dançarina e filósofa Marie Bardet em relação à dança (mas isso vale para outros âmbitos da vida), improvisar é algo absolutamente livre, espontâneo, não preparado. Por outro lado, porém, não existe improvisação pura, uma performance ideal que nascesse no momento presente sem nenhum tipo de ação preparatória.

Para improvisarmos com espontaneidade, precisamos ter obtido uma série de referências, criado um repertório, por meio de contínua formação cultural, estética e profissional.

Ler constantemente, assistir a bons filmes, a boas peças teatrais, a bons espetáculos de música, contemplar pintura, escultura, arquitetura, frequentar cursos alternativos, assistir a palestras de qualidade, acessar conteúdos idôneos na *web*, em todas essas experiências vamos amealhando intuições, sensações, palavras, ideias...

Em que acervo tudo isso se depositará? Em algum "lugar" da alma? Em algum "lugar" do cérebro? E como resgatar essa riqueza? Ou seremos por essa riqueza resgatados?

O poeta estadunidense Yusef Komunyakaa acredita que, ao escrever seus poemas, experimenta a força da improvisação:

> *São as imagens que me escolhem. Para mim, o poema é realmente um ato de improvisação. Eu escrevo a primeira imagem ou a ideia inicial, e logo a seguir sou transportado para vários lugares. Não é muito lógico. A pessoa trabalha para ter pelo menos uma ilusão de controle. Mas, sim, são as imagens que me escolhem.*

SUGESTÃO

Fale diante do espelho sobre um tema aleatório. Improvise.

Monólogo

Mais do que controlar nossa linguagem, nós a habitamos, e ela também nos habita. E, como nos faz pensar o poeta Yusef Komunyakaa, somos transportados por imagens, palavras e ideias, como se estas tivessem vontade própria, vida própria.

As palavras com as quais nos comunicamos estão atuantes dentro de nós, na forma de diálogos internos, de monólogos reflexivos.

O monólogo é visto como a linguagem dos solitários, ou dos narcisistas, ou dos ensimesmados. Há um fluxo de palavras dentro da mente humana que a literatura procura captar. Os pensamentos do personagem em seu estado nascente são pensamentos vivos, brotando de maneira incessante.

Em *Memórias do subsolo*, de Dostoiévski, uma voz humilhada, rebaixada, vem à tona. Fortemente confessional, ciente de sua miséria e ao mesmo tempo orgulhosa de sua grandeza. O subsolo é o inconsciente que se torna consciente:

Embora eu tenha dito realmente que invejo o homem normal até a derradeira gota da minha bílis, não quero ser ele, nas condições em que o vejo (embora não cesse de invejá-lo. Não, não, em todo caso, o subsolo é mais vantajoso!). Ali, pelo menos, se pode... Eh! Mas estou mentindo agora também. Minto porque eu mesmo sei, como dois e dois, que o melhor não é o subsolo, mas algo diverso, absolutamente diverso, pelo qual anseio, mas que de modo nenhum hei de encontrar! Ao diabo o subsolo!

Em nossos monólogos, permitimos que venham juntos sentimentos opostos, que venham abraçados o bem e o mal, luzes e sombras, sonhos e pesadelos. No subsolo, no porão, guarda-se de tudo.

"É NATURAL NO SER HUMANO ESTAR SEMPRE EM COMPANHIA ÍNTIMA CONSIGO MESMO."

(Antonio Machado)

No monólogo, em princípio, podemos falar o que quisermos, pois não há compromisso estrito em nos fazermos aprovados por quem que seja.

O monólogo é um diálogo de mão única.

Outro paradoxo: as verdades viscerais que os monólogos revelam trazem a marca da universalidade. Podem ser assumidas como verdades universais, pelo fato de serem tão próprias de um indivíduo que se abre e se desnuda diante de si mesmo.

Um dos monólogos mais conhecidos da literatura ocidental é o de Segismundo, na peça *A vida é sonho*, de Pedro Calderón de la Barca (século XVII). Encarcerado numa torre desde que nasceu, sem saber o motivo, lamenta o seu destino absurdo:

Não nasceram os demais?
Se os demais também nasceram
que privilégios merecem
que eu não mereça jamais?
Nascem e voam as aves,
belas em sua plumagem,
passeando pelos ares
com grande velocidade,
deixando com toda calma
seu ninho, sem piedade.
E eu, que tenho mais alma,
tenho menos liberdade?
Nascem na selva as feras,
lindas pinturas na pele,
e em pura necessidade
das tocas saem, famintas,
praticando a crueldade,
caçam, matam outros bichos.
E eu, com melhor instinto,
tenho menos liberdade?

O sonho da liberdade é talvez o mais humano que possamos sonhar.

SUGESTÃO

Em momentos de solidão, fale em voz alta e diga, sem medo, suas mais profundas verdades.

Oratória

O grande historiador, advogado e orador Tácito (século I da nossa era) escreveu uma obra sobre a arte da eloquência, na qual define o bom discurso com uma sugestiva comparação:

> *O discurso, por si próprio, como o corpo de um homem, somente é belo quando não lhe sobressaem as veias, nem se lhe podem numerar os ossos, mas quando um sangue saudável e na medida certa completa os membros e ressalta os músculos, e um rubor reveste os próprios nervos e a beleza neles prevalece.*

Essa imagem fisiológica do discurso indicaria a diferença entre uma exposição verbal de excelência, e outra nem tanto. As veias inchadas revelariam um discurso desequilibrado, exaltado demais. Os ossos à mostra, magreza doentia, falta de beleza. Em contrapartida, os músculos fariam referência à força dos argumentos, e o rubor de uma fisionomia saudável, a palavras cheias de vigor.

Bem antes do romano Tácito, o ateniense Isócrates (século IV a.C.), considerado o pai da oratória e da cultura humanística, defendia para a confecção de um bom discurso três características essenciais: o senso de oportunidade (*kairós*), a adequação (*prépo*) e a novidade (*kainós*). Em outras palavras, devemos falar na hora certa, sobre os temas adequados, sabendo desenvolver boa argumentação, e oferecendo uma contribuição original para a plateia.

Essas recomendações formuladas há tantos séculos continuam inspiradoras.

Com relação ao senso de oportunidade, tomaremos a iniciativa de falar quando as condições forem favoráveis. Não vale a pena forçar a barra. Se percebemos que nossas palavras cairão no vazio, é prudente aguardar melhor ocasião.

"TODA ORATÓRIA É ELOQUÊNCIA, MAS NEM TODA ELOQUÊNCIA É ORATÓRIA."

(Francisco Sánchez de Castro)

Contudo, se o momento certo surgiu, não faz sentido simplesmente falar o que quisermos, por mais alto que tremule a bandeira da liberdade de expressão. Essa liberdade está condicionada à escolha de um tema sobre o qual saibamos nos expressar de modo responsável.

A manifestação puramente fisiológica (abrir a boca, e falar o que dá na telha) precisa ser validada pelo lastro da pesquisa e do conhecimento. Um dos maiores problemas da comunicação contemporânea é o intrusismo e a superficialidade. Quem jamais estudou determinado assunto não tem condições de falar a respeito. O melhor, neste caso, é calar-se. E escutar quem entende do traçado.

Quanto à novidade, nem sempre conseguimos garantir esse item. Na maior parte das vezes, somos falantes convencionais. Seguimos padrões. Caímos no lugar-comum. Dizemos aos outros o que outros um dia nos disseram. Imitamos, mimetizamos, reproduzimos.

No entanto, além de remeter ao que é inusitado e inovador, a palavra "originalidade" faz pensar nas origens. Assim, originalidade é voltar às raízes, ao passado, que, curiosamente, chamando-se "passado", não passou: ficou em forma de lembrança, de ensinamento, de experiência.

Nessa direção menos óbvia, ser original consiste em ser originário, em olhar de novo para as origens.

Voltar às origens é rever as coisas em sua força própria. É reencontrar a fonte primeira, a fonte da vida, da qual a linguagem humana retira sua energia comunicativa.

SUGESTÃO

Cuide das suas palavras da mesma forma que você cuida da sua saúde física.

Ortoépia

A ortografia ensina a grafia correta das palavras. A ortoépia ensina o que é correto, na fala, quanto à emissão e ao timbre das vogais e à articulação das consoantes.

Quando se fala em correção, aqui, trata-se de um código que valha para todos. Esse código remete ao que soa bem aos ouvidos dos falantes de determinado tempo e lugar, em constante (e criativa) tensão com a norma culta da língua e com as diferentes sensibilidades quanto ao que é "soar bem".

Em meados do século XX, o professor e escritor Mário Ferreira dos Santos, paulista, nascido no interior do seu estado, escreveu:

> *Um defeito muito encontradiço, sobretudo em São Paulo e parte de Minas, é a pronúncia caipira do "l" e do "r". Há palavras, tais como "Natal" que são pronunciadas como "Natar", "rosal" como "rosar", etc. Tal defeito é [...] facilmente dominável. Basta um pouco de boa vontade e de correção constante da pronúncia.*

Hoje, por motivos culturais, e até econômicos, tal observação parece anacrônica.

Não é raro que desvios ortoépicos andem lado a lado com um desempenho ortográfico acertado. Posso escrever "doze", "advogado", "pneu", "reivindicar" e "caranguejo", mas falar "douze", "adevogado", "peneu", "reinvidicar" e "carangueijo". Se a pronúncia desviante se tornar dominante, forçará a mudança ortográfica.

Como explica Sérgio Rodrigues em *Viva a língua brasileira!*, as pronúncias recomendadas hoje podem ser substituídas, fazendo surgir novas regras no futuro. "Subsídio" e "subsistência" são com o som de "s", mas a maioria de nós fala com o som de "z": "subzídio", "subzistência". "Pudico" tem ênfase na sílaba "di", mas muita gente já perdeu o pudor de falar "púdico", como se a palavra fosse proparoxítona. Talvez daqui a um século, todo mundo fale "cabeçário" e não mais "cabeçalho".

"PRONUNCIEI OS SONS DAS LETRAS, PROLONGADAMENTE O 'A' E REPETIDAMENTE O 'B'."

(Paula Ziegler)

O educador estadunidense Edward B. Warman, em fins do século XIX, escreveu um curioso livro, *Practical orthoepy and critique* [Ortoépia prática e crítica], no qual ensinava que as palavras possuem três vidas: a "vida visual" (ortografia), a "vida auditiva" (ortoépia) e a "vida da alma" (semântica). Preocupado principalmente com a "ciência da prolação", com a dimensão ortoépica do inglês, apresentava uma lista com mais de 6 mil palavras e a forma correta de pronunciá-las.

A "vida visual" e a "vida auditiva" das palavras devem estar em consonância. A competência ortoépica consiste em pronunciar uma palavra a partir de sua representação escrita. Tal competência pressupõe leitura de textos bem escritos e conhecimento de boas performances orais.

Uma das maiores dificuldades para se pronunciar certas palavras é saber a correspondência entre grafia e fonema, dentro de uma tradição oral específica. A educação ortoépica envolve consultas a dicionários e atenta autocorreção.

Outro educador do século XIX, o cubano Féliz Ramos y Duarte, mencionava problemas da fala para além do ortoépico. Em seu ideal pedagógico, incluía o rotacismo – a troca do "r" por outro som, como no caso do Cebolinha, personagem do quadrinista Mauricio de Sousa –, a perissologia (redundância compulsiva), o rumorejo (fala muito baixa) e a fala estentórica (de quem se expressa aos gritos).

SUGESTÃO

Descubra as singularidades da sua pronúncia.

Palestra

Dar palestras é diferente de dar aulas.

Uma aula faz parte de um programa de ensino. De uma aula para outra deve existir continuidade, encadeamento, e espera-se que a última aula "morda" a primeira, a fim de que se produza a imagem do ouroboros, a serpente que devora a própria cauda.

As aulas se articulam dentro de um plano didático, tendo em vista alguns objetivos, ao passo que uma palestra é evento isolado, em princípio. Uma palestra, com duração de 20 minutos ou de no máximo 2 horas, tem em si seu começo, meio e fim. Ela se basta a si mesma. Também podemos ver na palestra um ouroboros, uma circularidade: os seus primeiros minutos conectam-se com o desfecho.

Para se atingir a completude de um curso de várias aulas, ao longo de um período de tempo mais ou menos longo (uma semana, alguns meses, um ano, ou mais), exige-se do professor e dos alunos fôlego de maratonista. No caso do palestrante e seus ouvintes, espera-se o vigor de um corredor de 100 metros rasos.

O que uma palestra tem a oferecer? Ou, formulando de outro ponto de vista, o que um palestrante pode nos oferecer, a nós, seus ouvintes? "Impacto" é a resposta.

Uma palestra chocha, desprovida de recheio, de conteúdo, de força, tende a desaparecer de nossa lembrança. Não alimenta e não agrada. Não causa impacto. Ao contrário, uma palestra impactante continuará presente em nossa memória, graças a várias qualidades, dentre as quais quero destacar apenas uma: a franqueza.

"EM MINHAS PALESTRAS, EU UNO MINHA ALMA A TUDO: CRIATURAS, PESSOAS, MEIO AMBIENTE."

(James Hillman)

É impossível aparentar franqueza. O palestrante dissimulado pode fingir simpatia, bom humor, inteligência, erudição, mas não pode fingir que não é fingidor, a não ser que a sua plateia seja formada apenas por pessoas muito ingênuas e influenciáveis.

Mas aqui precisamos distinguir dois tipos de franqueza.

Há uma franqueza agressiva, que se vale da "transparência", da "clareza", para dizer verdades desagradáveis, doa a quem doer. Tal atitude pode causar um impacto, sim, um impacto negativo, gerando mal-estar e animosidade.

Uma franqueza bem diferente é aquela que vem do coração e se dirige ao coração dos demais. Verdades duras podem ser ditas, mas de modo positivo, animador.

Balzac, o romancista, costumava dizer que em toda festa existem, na verdade, duas festas. A primeira é a do no início, quando pessoas dissimuladas, esnobes, desfilam sua vaidade entre os outros convidados, à espera de olhares e comentários de aprovação. A segunda festa começa bem depois, quando a maioria já se despediu. Agora estão ali aqueles que querem conversar com franqueza, festejando o encontro.

Embora haja muitas diferenças entre palestra e aula, qualidades de uma podem "contaminar" o desempenho da outra.

Uma boa aula terá algo das boas palestras, se os professores se comunicarem com mais agilidade, criando uma atmosfera descontraída, nem por isso superficial.

E uma boa palestra terá algo das boas aulas, se os palestrantes souberem ampliar o horizonte conceitual de sua plateia.

SUGESTÃO

Aprenda a aperfeiçoar suas palestras observando palestrantes mais experientes.

Plateia

Seja qual for o número de pessoas presentes, "plateia" significa o lugar para onde se encaminham nossas palavras e de onde vêm o olhar, a escuta e a opinião acerca do que falamos.

A etimologia ensina que "plateia" nos reporta a espaços planos: uma área ao ar livre, uma rua larga, uma praça pública, o pátio de uma residência. No século XVIII, já designava o setor plano e mais baixo do teatro, no qual o público se acomoda.

Se eu ocupo um lugar na plateia, assumo o compromisso de atuar como ouvinte atento. Se, ao invés disso, estou diante de uma plateia, meu compromisso como orador, palestrante ou professor é oferecer à audiência minha melhor performance.

Entre mim e a plateia cria-se uma relação comunicacional. Embora breve, essa relação é sempre uma oportunidade de experimentarmos o essencialmente humano.

No monólogo *Os males do tabaco*, Anton Tchékhov retrata um triste palestrante, Ivan Niúkhin, que vai discorrer sobre os malefícios do uso indiscriminado do tabaco.

A plateia parece interessada. Niúkhin, no entanto, enfrenta vários problemas. Talvez o problema mais grave seja a inadequação do tema, que não lhe foi proposto, mas imposto. Niúkhin é um fumante inveterado. A falta de coerência entre tema e conduta prejudica sua credibilidade. Quem o obrigou a palestrar foi a mulher, que exerce sobre ele uma tirania constante.

"NO BRASIL, HÁ PLATEIA PARA TUDO E O BRASILEIRO É, POR VOCAÇÃO, PLATEIA."
(Nelson Rodrigues)

Voluntariamente ou não, Niúkhin foge do assunto. Ele próprio desejaria fugir da situação em que vive. Queixa-se da mulher autoritária (que o xinga de "espantalho", de "demônio"), do trabalho excessivo como empregado do pensionato e da escola de música dirigidos por ela, reclama das filhas que o desprezam. Como o antitabagismo não é opção sua, passa a falar sobre a sua vida pessoal. Abre-se em confidências:

Fugir, jogar tudo para cima e fugir sem olhar... para onde? Tanto faz para onde... contanto que consiga fugir dessa vida suja, vulgar, miserável, que me transformou num velho, num velho imbecil e desprezível, num velho, num desprezível idiota, fugir dessa minha mulher estúpida, mesquinha, malvada, malvada, unha de fome malvada, que me atormenta há 33 anos, fugir da música, da cozinha, do dinheiro dela, de todas essas misérias e vulgaridades...

*e ir parar nalgum lugar bem longe no campo e me trans-
formar em árvore, em poste, num espantalho de pássaros,
a céu aberto, e passar a noite contemplando a lua clara,
silenciosa, que paira acima da gente, e esquecer, esquecer...*

Apesar de impróprias, suas confidências revelam
um drama pessoal e um autêntico espírito poético. Suas
queixas sinceras são um pedido de socorro que a plateia
compreende.

Nelson Rodrigues considerava o brasileiro a melhor
plateia do mundo. Seríamos espectadores natos, com
"um potencial generosíssimo de admiração e amor".

Verdade ou não, fato é que isso não nos dispensa
do esforço oratório, do trabalho, do exercício.

Quando perguntaram a Paulo Autran como reagir
perante uma plateia fria e indiferente, o grande ator
carioca respondeu: "Quando a plateia está fria, o ator
deve queimar!".

SUGESTÃO

Pense bem da sua plateia e ela
pensará bem de você.

Profundidade

Um palestrante, certa vez, disse à sua plateia: "Quem aqui se considera superficial levante a mão, por favor!". Ninguém ergueu a mão. O próprio palestrante o fez então, concluindo: "Sabem por que eu levanto a minha mão? Porque todo aquele que se considera superficial... já é um pouco mais profundo".

A profundidade de um discurso não pode ser tão hermética ou esotérica a ponto de se tornar incompreensível. O mergulhador que vai ao fundo do mar precisa sempre regressar à superfície para nos contar o que viu, e para recuperar o fôlego.

Quem vive mergulhado nos livros, aprofundando-se neste ou naquele tema, precisa voltar à tona de tempos em tempos. É importante ser profundo, mas é vital respirar o oxigênio da convivência familiar, do bate-papo com os amigos, do contato com as realidades mais pedestres, com os assuntos mais prosaicos.

A desejável profundidade pode ser considerada ilusória por pessoas pragmáticas, que vivem com os pés no chão e dão preferência à realidade sensível e empírica. Pessoas que fazem o elogio da superfície desconfiam do profundo. Conhecem histórias de estudiosos que se perderam nos abismos sem fundo dos saberes ocultos.

Por outro lado, também podemos nos "afogar" na superficialidade. Pessoas superficiais evitam as águas profundas e passam a vida boiando. Não sentem falta de nada. E para o nada serão arrastadas lentamente, pelas correntezas.

"A VERDADE ESTÁ NA PROFUNDEZA."
(Demócrito)

Para traduzirmos o profundo de modo inteligível, precisamos recorrer a imagens. Os grandes oradores e comunicadores conhecem o poder da linguagem imagética, pela qual tornam visível o que é invisível, evidente o que parece obscuro.

Em suas pregações, Padre Antônio Vieira gostava de refletir sobre a oratória. No famoso sermão da Sexagésima (pregado um pouco antes da Quaresma de 1655), recomendava que o céu estrelado nos ensinasse a falar sobre temas elevados (ou profundos), tendo como destinatários diferentes tipos de pessoas:

> *Aprendamos do Céu o estilo da disposição, e também o das palavras. Como hão de ser as palavras? Como as estrelas. As estrelas são muito distintas e muito claras. Assim há de ser o estilo da pregação, muito distinto e muito claro. E nem por isso temais que pareça o estilo baixo; as estrelas são muito distintas e muito claras, e altíssimas. O estilo pode ser muito claro e muito alto; tão claro que o entendam os*

que não sabem e tão alto que tenham muito que entender nele os que sabem. O rústico acha documentos nas estrelas para a sua lavoura e o mareante para a sua navegação e o matemático para as suas observações e para os seus juízos. De maneira que o rústico e o mareante, que não sabem ler nem escrever, entendem as estrelas, e o matemático, que tem lido quantos escreveram, não alcança a entender quanto nelas há. Tal pode ser o sermão: estrelas que todos as veem, e muito poucos as medem.

Uma fala (quase) perfeita seria aquela que deslizasse como um navio sobre a superfície do oceano, e conhecesse em detalhes a topografia do fundo dos mares.

SUGESTÃO ▬▬▬▬▬▬▬▬▬▬▬▬▬▬▬▬▬▬▬▬▬▬▬▬

Busque a profundidade sem cair na obscuridade.

Prolixidade

Giosuè Carducci, poeta italiano do século XIX, dizia não confiar na honestidade de um homem que, podendo exprimir uma ideia com dez palavras, usasse doze.

Ainda é possível usar menos palavras em defesa da concisão. O poeta alemão Jean Paul, um século antes de Carducci, empregou apenas três: "*Sprachkürze gibt Denkweite*". Que merecem tradução igualmente sintética: "brevidade cria amplitude".

Se a fala concisa leva à extensão do pensamento, supõe-se que a prolixidade cause encolhimento no campo das ideias.

A motivação menos nobre no estilo prolixo seria a tentativa de aparentar erudição e profundidade. Descartada essa hipótese, a prolixidade talvez seja uma mistura de inabilidade e falta de tempo. Como dizia ironicamente um escritor, "não tive tempo para escrever menos".

É comum que a pessoa prolixa ocupe o tempo e o espaço dos demais. O certo é que nos mantenhamos dentro do nosso território verbal, sem invadir o dos outros. Nesse sentido, um humorista elogiava os bons oradores com duas redondilhas maiores: "falou pouco, falou bem / não falou mal de ninguém!".

Paulo Leminski, em *Distraídos venceremos*, sua última obra publicada em vida, em 1987, não titubeou em rimar "prolixo" com "pro lixo". Bem, talvez tenhamos aqui um trocadilho, e não propriamente uma rima. De qualquer modo, no ano seguinte, José Paulo Paes, em seu livro *A poesia está morta mas juro que não fui eu*, publicou um poema que parece dialogar com o do poeta curitibano:

> *conciso?*   *com siso*
> *prolixo?*   *pro lixo*

A concisão, associada ao bom senso, à sensatez, contrasta com a prolixidade, que deve ser descartada.

"TENTO SER CONCISO."
(Horácio)

Embora os dois poetas estejam se referindo à arte de escrever, a recomendação é talvez ainda mais valiosa para a arte de falar. Se eliminar palavras que entulham a página é um bom conselho para quem escreve, o mesmo devemos fazer com relação à nossa fala.

Desenvolver o poder de síntese exige objetividade e humildade. Neste caso, uma leva à outra. Com objetividade, concentramos nossa atenção no tema, mais do que em nossos sentimentos de autoafirmação. Com humildade, estamos preocupados em ajudar os ouvintes a entender o conteúdo da nossa fala, mais do que em satisfazer nossa vaidade.

Falar pouco e falar bem não implicam omitir informações, sob pretexto de evitar a prolixidade. A concisão é inseparável do desenvolvimento temático. Nossa fala precisa trazer informações novas, seguindo uma progressão de ideias, exemplos e argumentos.

Como ocorre tantas vezes, ao fugir de um vício de linguagem caímos em outro. Tentando evitar a prolixidade, podemos praticar o laconismo exagerado. A fala demasiadamente sucinta, carente de exemplos concretos, priva a audiência de conteúdos, ou exige dessa audiência um esforço imenso para adivinhar sobre o que se transmite naquele discurso árido, cheio de lacunas.

Como encontrar o equilíbrio entre falar demais e falar pouco demais?

O fato de termos detectado a existência desses dois extremos nos dará força inicial para cultivarmos a virtude da eloquência, andando sobre o fio da navalha.

SUGESTÃO

Vença o medo: fale mais.
Vença a vaidade: fale menos.

Retórica

A palavra "retórica" tem duas faces. Numa delas, vemos o orador que quer instruir e convencer seus ouvintes, utilizando diferentes recursos de linguagem. Na outra, surge o sofista, o falacioso, o orador desonesto, que quer "enrolar" a plateia, manipular as mentes e arrancar aplausos.

Há aqui, evidentemente, uma questão ética da qual não podemos fugir.

Para os mais radicais, só deveríamos dar ouvidos a quem tivesse autenticidade, credibilidade e sabedoria inegáveis. Para os pragmáticos, menos preocupados com questões morais (ou moralistas), o importante seria ter a capacidade de modificar o ponto de vista do auditório, seja qual for o tema proposto.

Quem não quer assumir uma posição nessa briga infindável entre os autênticos e os pragmáticos corre o risco de conceder mais espaço àqueles que falam muito sem dizer nada. Estes, os boquirrotos, produzem discursos cheios de piadas, lugares-comuns e frases de efeito.

O "arsenal" retórico é rico em possibilidades. Mas, por exigir uma combinação entre o verbal e o existencial, entre a palavra e a experiência individual, essa riqueza não depende unicamente dos manuais que ensinam a falar bem.

Precisamos, portanto, valorizar nossa história de vida e nossas capacidades linguísticas.

É importante aprendermos a falar bem, dando aos ouvintes aquilo que lhes prometemos, ou lhes dando (o que será uma surpresa positiva) algo excepcional, algo excelente, mesmo que nada de muito especial tenha sido prometido.

"SERÁ QUE CONSIGO TE CONVENCER A ADMITIR QUE A VIDA REGRADA É MELHOR DO QUE A DEPRAVADA?"
(Sócrates)

O que está fora de cogitação é não darmos, minimamente, algo do que antes foi prometido.

A plateia traz consigo uma série de expectativas. Nosso compromisso é procurar atendê-las, se forem justas. Essas expectativas podem ser basicamente de dois tipos: nosso público quer encontrar uma atmosfera emocional favorável, e uma exposição de argumentos que reconheça a sua inteligência.

Os estudiosos Edward Corbett e Robert Connors, atualizando para o ensino do nosso tempo a retórica clássica, indicam ser necessário trabalhar nos dois campos. A questão é decidir a ordem das ações: ou criar logo no início um humor emocional conveniente, e depois investir na argumentação racional; ou começar com os apelos à razão e depois levar o público à atmosfera emocional apropriada.

Uma abordagem feita com entusiasmo, mas acrescentando-se uma dose de sobriedade, contribui, em geral, para que os ouvintes deem um voto de confiança às ideias que em breve lhes serão apresentadas. Insisto na "dose de sobriedade". Os ventos muito fortes do entusiasmo, sem uma âncora de seriedade, podem levar o barco do orador para longe, deixando o auditório no cais da perplexidade.

Quanto ao aspecto racional, o equilíbrio continua sendo o melhor caminho: nem tanto ao mar, nem tanto à terra. Quem deseja dizer tudo, ensinar tudo, aprofundando-se em tudo... corre o risco de causar o próprio naufrágio por excesso de peso.

Falar bem é convencer e comover.

Convencer, "vencer com", vencer quem pensa de modo diferente, mas fazendo o opositor vitorioso por ter encontrado a verdade em comum. E comover, "mover com", unir corações e vontades em torno de um mesmo objetivo.

SUGESTÃO

> Diga a seu público o que você gostaria que lhe dissessem.

Silêncio

Fazer silêncio não é apenas calar-se. Normalmente, o impulso verbal se renova quando praticamos o silêncio intermitente.

Antes de iniciar uma aula, uma palestra, um discurso, é recomendável concentrar-se um pouco, fazer um pouco de silêncio interior.

O silêncio exterior contribui para o silêncio interior, mas este não depende totalmente daquele. Há quem leve dentro de si um constante tumulto de vozes e um vulcão de imagens em atividade, ainda que estivesse sozinho no meio do deserto. E o contrário também ocorre: há quem atinja o silêncio da imaginação, da mente e da alma, no trânsito caótico de uma megalópole, no horário de pico.

É do silêncio que brotam palavras que fazem sentido, em ritmo e fluxo adequados.

O educador alemão Romano Guardini, cujas palestras (diziam seus ouvintes) eram profundas e inesquecíveis, escreveu sobre a relação entre o silêncio e a palavra:

O verdadeiro calar é a contraparte viva do verdadeiro falar, a exemplo do que ocorre na respiração com o inspirar e o expirar. [...] É possível perceber na pessoa que fala se as suas palavras vêm do silêncio ou não. O que provém do silêncio tem plenitude e riqueza [...]. A fala sem silêncio converte-se em verborreia. É somente a partir do silêncio que a vida brota, que a energia aumenta, que a interioridade se clarifica, e que os pensamentos e imagens adquirem uma configuração rigorosa. Quando o ponto de partida da nossa fala é o silêncio, o que pensamos interiormente adquire sua forma autêntica.

Existe, no entanto, um silêncio nocivo. Um silêncio que omite intuições e verdades. Esse tipo de silêncio é uma forma gritante de mentir.

"A MATURIDADE NOS FAZ ACEITAR O VAZIO E O SILÊNCIO."
(María Zambrano)

Fundamental saber discernir quando é hora de falar e quando é hora de calar, o que deve ou não deve ser dito, a quem falar o quê, e a quem não falar nada.

Discernimento, de modo especial, para escolher o momento certo de "quebrar o silêncio", expressão que repetimos sem lhe dar a devida atenção. Mas, pensando bem, o quanto esse silêncio será forte e duro a ponto de precisarmos quebrá-lo!

Clarice Lispector atentou para a imagem do silêncio quebrado. Ela admitia ter estilhaçado o silêncio muitas vezes, com suas palavras, com suas perguntas. Não o fez por odiar, mas justamente por amar o silêncio.

Um amor desajeitado. Uma forma de amar que interrompia, porém, uma compreensão melhor das coisas.

Outra imagem para o silêncio foi criada pelo poeta Mário Quintana: "o silêncio é um espião". O silêncio espiona todos os ruídos da noite. Espiona nossos pensamentos e os pensamentos alheios. Espiona as palavras que estamos prestes a dizer.

Numa bela meditação sobre o silêncio e as palavras, o filósofo Louis Lavelle afirma que o silêncio devolve cada indivíduo a si mesmo: existe no silêncio uma força maior do que a força das palavras.

Ainda, conforme sugere Lavelle, essa força silenciosa, sempre ativa, impulsiona nossas atividades mais generosas, dentre as quais destaca-se a atividade docente.

SUGESTÃO

Reserve alguns minutos do seu dia
para ouvir o silêncio.

Simplicidade

A simplicidade é complexa.

Para sermos simples, precisamos desenvolver uma atitude flexível e adaptativa, sem perder a conexão com o que é firme e inegociável.

Uma das características essenciais da simplicidade é olhar para as coisas tais como são. Embora possa parecer desagradável, determinada realidade é aquilo mesmo que ela é. Ela é tal coisa. Essa talidade está aí, diante dos nossos olhos.

É claro que, por outro lado, devemos observar as realidades com abertura e espírito crítico, a fim de transformá-las para melhor. No entanto, ninguém transforma uma realidade em outra coisa antes de saber que coisa essa realidade de fato é.

Pensemos, por exemplo, nos transtornos globais do desenvolvimento, que exigem dos professores conhecimento atualizado e criatividade didática. Pensemos também nos impactos que o mundo digital tem provocado na saúde, no aprendizado e no comportamento social de alunos cada vez mais jovens.

Outra característica da simplicidade consiste em admitir que as coisas são um pouco (só um pouco!) mais complicadas do que gostaríamos que fossem.

Em virtude da pluralidade de opiniões e abordagens, a mesma realidade será interpretada de modos diferentes. Também tenho eu minha própria maneira de ver e opinar, o que me torna um integrante a mais na incrível realidade polifônica.

Uma terceira característica da simplicidade nos remete à tarefa de traduzir a complexidade de maneira justa. Isso significa falar de modo ajustado àquilo que pensamos, sem complicações desnecessárias.

A escolha ajustada das palavras requer sensibilidade e lhaneza. Essas duas qualidades nascem, por sua vez, do desejo de fazer o nosso ouvinte compreender o que realmente estamos lhe dizendo.

"BUSQUE A SIMPLICIDADE E DESCONFIE DELA."
(Alfred North Whitehead)

Soluções "mágicas" para problemas educacionais correm o risco de cair no simplismo. As coisas não são tão simples assim.

Precisamos ser pessoas simples que, ao mesmo tempo, cultivam a agudeza de inteligência e desconfiam dos atalhos e dos truques. O paradoxo reaparece: ser simples é aceitar a complexidade do mundo, da vida e das pessoas.

Soluções "sectárias" parecem ser as mais rápidas e eficazes. Seccionando a realidade, reduzimos o todo a uma parte. Tudo, reduzido, fica ao nosso alcance. Tudo fica mais fácil. Basta um peteleco e o mundo entrará nos eixos!

O problema é que os problemas carregam contradições, podem adquirir novas facetas. A sindemia provoca a articulação dos problemas. Dificuldades no campo da saúde potenciam dificuldades no campo da política, que potenciam dificuldades no campo da cultura, que potenciam dificuldades no campo social, educacional...

Mais cômodo do que lidar com a complexidade é fazer afirmações reducionistas: "tudo se resolve com a disciplina", "tudo se resolve com a terapia", "tudo se resolve com a ciência", "tudo se resolve com o dinheiro", "tudo se resolve com a religião", "tudo se resolve com a eleição presidencial", "tudo se resolve com a tecnologia"...

Frases que começam com o pronome indefinido "tudo" e querem definir tudo trazem novos problemas. Distorcem a realidade. Deseducam.

SUGESTÃO

Tenha opiniões firmes, mas saiba ouvir e avaliar a opinião de quem discorda de você.

Tempo

A escritora e mística Teresa de Ávila dizia que todo ser humano tem apenas duas horas de vida. Com essa afirmação, queria enfatizar a brevidade da existência e a necessidade de aproveitarmos o tempo.

Em seu livro *A velhice*, a filósofa Simone de Beauvoir escreve a palavra "tempo" à exaustão, centenas de vezes. Diz ela, com um realismo sem esperança, que o tempo nos dá tudo e depois tudo nos rouba. E a respeito da sensação de que, já estando a infância bem distante, o futuro se encolhe cada vez mais rapidamente, cita e concorda com o dramaturgo romeno Ionesco: "Estou numa idade em que uma hora só vale alguns minutos".

Não percamos tempo, porém, nos queixando da falta de tempo, ou do tempo acelerado!

Precisamos, isto sim, lidar melhor com o tempo, cuidar do tempo disponível, e nos comunicar melhor "dentro" do tempo.

O antropólogo e pesquisador cultural Edward T. Hall referia-se a duas concepções temporais que orientam dois modos diversos de pensar, trabalhar, estudar, pesquisar, ensinar, falar: o monocronismo e o policronismo.

No monocronismo, as atividades de uma pessoa são organizadas de modo sequencial. Prazos devem ser respeitados. Objetivos devem ser alcançados. O monocronismo está associado à concentração na tarefa mais do que no público. Uma cabeça monocrônica não foge do tema predefinido para uma aula ou palestra.

Pessoas monocrônicas tendem a prever com grande antecedência o que vão falar. Apreciam planos e cronogramas. Tendem a ser lineares em suas exposições: começo, meio e fim. Improvisam pouco. E estabelecem uma separação mais ou menos rígida entre o conteúdo a transmitir e a vida pessoal.

"VIAJEI NO TEMPO, MAS NÃO DO LADO DE CÁ DO TEMPO."
(Fernando Pessoa)

Já o policronismo prefere a multiplicidade de tarefas. Uma pessoa policrônica realiza várias ações simultaneamente. Privilegia a adaptabilidade. Gosta de novos contextos. Gosta de surpresas. Desempenha-se bem na hora do improviso. Sua preocupação pelos prazos é menor. Não se incomoda com as interrupções. Por vezes, até incentiva que os alunos interrompam, façam observações, perguntem.

Os policrônicos aceitam falar sobre assuntos não previstos. Sua fala é menos linear. Envolvem-se mais com a plateia do que com os relógios. Concentram-se mais nas pessoas do que nas tarefas em si. Com frequência, trazem à baila situações de sua vida pessoal para ilustrar conceitos e reforçar argumentos.

São dois estilos de viver. Dois estilos de ensinar.

Umberto Eco, referindo-se a esses dois perfis, dizia que não há motivo para julgar se um é melhor do que o outro. Ambos têm sua validez e suas debilidades.

Os policrônicos parecem mais criativos, mas, por vezes, temendo situações entediantes, atrapalham-se e enfiam os pés pelas mãos. Os monocrônicos parecem mais organizados, mas podem se enrijecer e jogar fora as oportunidades que a boa sorte lhes trazia.

Os monocrônicos podem aprender com os policrônicos a virtude da flexibilidade e a coragem de mudar.

Os policrônicos podem aprender com os monocrônicos a importância da previsibilidade e a beleza da rotina.

SUGESTÃO

Incorpore ao seu estilo pessoal o que há de melhor no monocronismo e no policronismo.

Conclusão

Em 2005, o escritor estadunidense David Foster Wallace pronunciou um discurso de formatura para jovens que estavam celebrando a conclusão do curso universitário. O discurso foi publicado em 2009, um ano após a morte de seu autor. Em forma de livro, quase como um pequeno ensaio, ganhou um título: *Isto é água*. A água representa o ambiente cultural em que vivemos, nos movemos e somos, conforme a pequena história que Wallace conta logo no início:

> *Certa vez, dois jovens peixes nadavam no oceano tranquilamente, um ao lado do outro, quando, de repente, vindo em direção oposta, passou por eles um peixe mais velho, que os cumprimentou:*
> *— Bom dia, rapazes! Como está a água hoje?*
> *E os dois jovens peixes continuaram nadando durante mais algum tempo, até que um deles se voltou para o outro e perguntou, intrigado:*
> *— Vem cá! Que história é essa de água?*

A plateia ficou meio perplexa. Há um áudio gravado na ocasião, e nele ouvem-se algumas poucas risadas. Tímidas risadas. A maioria dos formandos e de seus familiares não captou o sentido da pequena parábola inicial. Logo a seguir, David Wallace comenta:

Esta é a típica introdução de discursos norte-americanos de formatura: contar uma historinha didática, uma espécie de parábola. Aliás, as historinhas são a melhor parte de todas as coisas convencionais que se costuma dizer nessas ocasiões... Mas de forma alguma quero que vocês se preocupem! Não pretendo me apresentar aqui como o velho e sábio peixe que explicará aos jovens peixinhos o que é água. Por favor, não se preocupem!

A estratégia é engenhosa. O orador conta uma pequena história, a seguir ironiza o fato de ter contado essa pequena história, ironiza os convencionais discursos de formatura, e, por fim, parece não dar importância à imagem do peixe mais velho que provoca a reflexão dos peixinhos. No entanto, é justamente a partir dessa imagem dos peixes que *Isto é água* se desenvolve. A historinha será, realmente, a melhor coisa desse discurso. A essência do que era preciso dizer. O resto poderia ser meramente convencional. (Mas não foi meramente convencional.)

Ainda em torno da mesma historieta, embora não pretendesse assumir o papel do peixe mais velho e sábio, Wallace assumiu, sim, a iniciativa de alguém que tinha algo de importante a comunicar. Nesse momento, é importante ser assertivo:

Nas batalhas do dia a dia da vida adulta, não há lugar para o ateísmo. Não há como não adorar alguma coisa. Todo mundo adora algo. A única escolha a fazer é o que vamos adorar. E a melhor razão para escolhermos algum tipo de deus ou alguma coisa de espiritual para adorar – seja Jesus Cristo, Alá ou Jeová, ou a deusa-mãe Wicca, ou as Quatro Nobres Verdades, ou algum inviolável conjunto de princípios éticos – é que tudo aquilo que você adorar comerá você vivo.

Nessa "teologia" antropofágica que nada tem a ver com religião e igrejas, o que está em jogo são as consequências de nossas opções de vida. Seremos devorados por aquilo que adoramos. Para o bem ou para o mal. Se adoramos a beleza física, o dinheiro, o conhecimento, o poder, o sucesso... pelo sucesso, pelo poder, pelo conhecimento, pelo dinheiro e pela beleza física seremos comidos vivos. Seremos, em outros termos, consumidos (ou consumados) pelos nossos "deuses".

O que adoramos é o que buscamos com o desejo de saciar nossa sede de sentido.

Se adoramos a palavra que ensina, é a essa palavra que vamos dedicar boa parte do nosso tempo. Será ela a nos devorar vivos.

Ensinar não é falar em vão. A pergunta do peixe mais velho ("como está a água hoje?") contém elementos didáticos riquíssimos: desperta a curiosidade, predispõe para a pesquisa, convida à contextualização no dia de "hoje", à discussão entre os alunos, introduz um novo conceito (de "água"), etc.

Os dois peixinhos ouviram a pergunta, começaram a conversar entre si ("que história é essa de água?"), e é sugestivo terem intuído que há uma "história" ali a ser contada.

Bibliografia

ADLER, Mortimer J. *Como falar, como ouvir*. Tradução de Hugo Langone. São Paulo: É Realizações, 2013.

ALVIM, Francisco. *Poemas [1968-2000]*. São Paulo: Cosac & Naify; Rio de Janeiro: 7 Letras, 2004.

ANDRADE, Carlos Drummond de. *Nova reunião: 23 livros de poesia*. São Paulo: Companhia das Letras, 2015.

BARDET, Marie. *A filosofia da dança: um encontro entre dança e filosofia*. Tradução de Regina Schöpke e Mauro Baladi. São Paulo: Martins Fontes, 2014.

BEAUVOIR, Simone de. *A velhice*. Tradução de Maria Helena Franco Martins. 3. ed. Rio de Janeiro: Nova Fronteira, 2018.

BLIKSTEIN, Izidoro. *Falar em público e convencer: técnicas e habilidades*. São Paulo: Contexto, 2016.

BRUNER, Jerome. *Fabricando histórias: direito, literatura, vida*. Tradução de Fernando L. Cássio. São Paulo: Letra e Voz, 2014.

CALDERÓN DE LA BARCA, Pedro. *La vida es sueño*. 23. ed. Madrid: Cátedra, 1996.

CASTRO, Roberto (Org.). *O intérprete do logos: textos em homenagem a Jean Lauand*. São Paulo: Factash, 2009.

CASTRO, Ruy. *O anjo pornográfico: a vida de Nelson Rodrigues*. São Paulo: Companhia das Letras, 1992.

COMENIUS, Jan Amos. *Didática magna*. Tradução de Ivone Castilho Benedetti. 3. ed. São Paulo: Martins Fontes, 2006.

CORAZZA, Sandra Mara; AQUINO, Julio Groppa. *Dicionário das ideias feitas em educação*. Belo Horizonte: Autêntica, 2011.

CORBETT, Edward; CONNORS, Robert J. *Retórica clássica para o estudante moderno*. Tradução de Bruno Alexander. Campinas: Kírion, 2022.

DAFLON, Verônica Toste; CAMPOS, Luna Ribeiro (Orgs.). *Pioneiras da sociologia: mulheres intelectuais nos séculos XVIII e XIX*. Niterói (RJ): EdUFF, 2022.

DEMO, Pedro. *Conhecimento moderno: sobre ética e intervenção do conhecimento*. 3. ed. Vozes: Petrópolis (RJ), 1999.

DOSTOIÉVSKI, Fiódor. *Memórias do subsolo*. Tradução de Boris Schnaiderman. São Paulo: Editora 34, 2009.

DOWBOR, Ladislau. *O capitalismo se desloca: novas arquiteturas sociais*. São Paulo: Edições Sesc-SP, 2020.

DUBOIS, Jean *et al. Dicionário de Linguística*. Direção e coordenação-geral da tradução de Izidoro Blikstein. 1. ed., 10. reimpr. São Paulo: Cultrix, 2006.

ECHEVERRÍA, Rafael. *Actos de lenguaje: la escucha*. 2. ed. Santiago (Chile): J. C. Sáez, 2007. v. 1.

ECO, Umberto. *Como se faz uma tese*. Tradução de Gilson Cesar Cardoso de Souza. São Paulo: Perspectiva, 2008.

ENDE, Michael. *Momo e o senhor do tempo*. Tradução de Monica Stahel. São Paulo: Martins Fontes, 2002.

FERNANDES, Millôr. *Millôr definitivo: a bíblia do caos*. Porto Alegre: L&PM, 2002.

FRANKL, Viktor; LAPIDE, Pinchas. *A busca de Deus e questionamento sobre o sentido*. Tradução de Márcia Neumann. Petrópolis (RJ): Vozes, 2013.

GAYOTTO, Lucia Helena. *Voz: partitura da ação*. 2. ed. São Paulo: Plexus, 2002.

GOLEMAN, Daniel. *Foco: a atenção e seu papel fundamental para o sucesso*. Tradução de Cássia Zanon. Rio de Janeiro: Objetiva, 2014.

GUARDINI, Romano. *Cartas de formação*. Lisboa: Aster, 1960.

HALL, Edward T. *The silent language*. Garden City: Doubleday & Company, 1959.

HEIDEGGER, Martin. *A caminho da linguagem*. Tradução de Márcia Sá Cavalcante Schuback. Petrópolis (RJ): Vozes; Bragança Paulista (SP): Editora Universitária São Francisco, 2003.

ISÓCRATES. *Discursos*. Tradução de Juan Manuel Guzmán Hermida. Madrid: Gredos, 1979. v. I.

KAST, Verena. *Abandonar o papel de vítima: viva a sua própria vida*. Tradução de Markus A. Hediger. Petrópolis (RJ): Vozes, 2022.

KOHAN, Walter. *Paulo Freire, mais do que nunca: uma biografia filosófica*. Belo Horizonte: Vestígio, 2019.

KOMUNYAKAA, Yusef. *Condition red: essays, interviews and commentaries*. Ann Arbor: University of Michigan Press, 2017.

LAUAND, Jean. *Pequeno dicionário filosófico e sociológico de expressões brasileiras*. São Paulo: Enguaguaçu, 2023. v. 3.

LAVELLE, Louis. *O erro de Narciso*. Tradução de Paulo Neves. São Paulo: É Realizações, 2012.

LEMINSKI, Paulo. *Toda Poesia*. São Paulo: Companhia das Letras, 2013.

LISPECTOR, Clarice. *A descoberta do mundo*. Rio de Janeiro: Nova Fronteira, 1984.

LÓPEZ QUINTÁS, Alfonso. *La cultura y el sentido de la vida*. Madrid: Rialp, 2003.

MATEUS, Samuel. *Introdução à retórica no séc. XXI*. Covilhã (Portugal): LabCom.IFP (Universidade da Beira Interior), 2018.

MURAKAMI, Haruki. *Do que eu falo quando eu falo de corrida*. Tradução de Cássio de Arantes Leite. Rio de Janeiro: Alfaguara, 2010.

NACHMANOVITCH, Stephen. *Ser criativo: o poder da improvisação na vida e na arte*. Tradução de Eliane Rocha. São Paulo: Summus, 1993.

PAES, José Paulo. *Poesia completa*. São Paulo: Companhia das Letras, 2008.

PERISSÉ, Gabriel. *Introdução à filosofia da educação*. Belo Horizonte: Autêntica, 2008.

PERISSÉ, Gabriel. *Uma pedagogia do corpo*. Belo Horizonte: Autêntica, 2020.

PESSOA, Fernando. *Obras em prosa*. Organização, introdução e notas de Cleonice Berardinelli. Rio de Janeiro: Nova Aguilar, 1976.

PLATÓN. *Diálogos I: Apología, Critón, Eutifrón, Ion, Lisis, Cármides, Hipias Menor, Hipias Mayor, Laques, Protágoras*. Tradução de J. Calonge Ruiz; E. Lledó Íñigo; C. García Gual. Madrid: Gredos, 1981.

PLUTARCO. *Vidas paralelas: Demóstenes e Cícero*. Tradução de Marta Várzeas. Coimbra: Imprensa da Universidade de Coimbra, 2012.

POWELL, John. *The secret of staying in love: loving relationships through communication*. Allen: Tabor, 1974.

QUINTANA, Mário. *Poesia completa*. Organização de Tania Franco Carvalhal. Rio de Janeiro: Nova Aguilar, 2005.

RAMOS Y DUARTE, Féliz. *Tratado de lenguaje castellano ó guía para la enseñanza de la lengua materna*. Méjico: Imprenta de Eduardo Dublán, 1896.

RODARI, Gianni. *Histórias para brincar*. Tradução de Cide Piquet. São Paulo: Editora 34, 2007.

RODRIGUES, Nelson. *O óbvio ululante: primeiras confissões (crônicas)*. São Paulo: Companhia das Letras, 1993.

RODRIGUES, Sérgio. *Viva a língua brasileira! Uma viagem amorosa, sem caretice e sem vale-tudo, pelo sexto idioma mais falado do mundo – o seu*. São Paulo: Companhia das Letras, 2016.

SANTOS, Mário Ferreira dos. *Curso de oratória e retórica*. 9. ed. São Paulo: Logos, 1962.

SILVA, Ronaldo Teixeira. *O espelho riscado: a trajetória do pensamento de esquerda e o desafio do futuro*. São Paulo: Dialética, 2021.

SOURIAU, Étienne. *Vocabulaire d'esthétique*. 2. ed. Paris: Quadrige/PUF, 2004.

SPACCAQUERCHE, Maria Elci. *Histórias da vida e a vida nas estórias: contos de encantamento*. São Paulo: Paulus, 2023.

TÁCITO. *Diálogo dos oradores*. Tradução de Antônio Martinez de Rezende e Júlia Batista Castilho de Avellar. Belo Horizonte: Autêntica, 2014.

TCHÉKHOV, Anton. *Os males do tabaco e outras peças em um ato*. Tradução de Aurora Fornoni Bernardini, Homero Freitas de Andrade e Eliana Pereira Miura. Cotia (SP): Ateliê, 2003.

TRINGALI, Dante. *Introdução à retórica*. São Paulo: Duas Cidades, 1988.

VIEIRA, Padre Antônio. *Sermões*. Organização de Alcir Pécora. São Paulo: Hedra, 2014. t. I.

VOLOCHÍNOV, Valentin Nikolaevich. *A construção da enunciação e outros ensaios*. Organização, tradução e notas de João Wanderley Geraldi. São Carlos (SP): Pedro e João, 2013.

WALLACE, David Foster. *Isto é água: alguns pensamentos sobre como viver de modo mais humano*. Tradução de Gabriel Perissé. São Paulo: Filocalia, 2023.

WARMAN, Edward Barrett. *Warman's practical orthoepy and critique*. Chicago: W. H. Harrison, 1889.

ZABALA, Antoni. *A prática educativa: como ensinar*. Tradução de Ernani F. da F. Rosa. Porto Alegre: Artmed, 1998.

ZELDIN, Theodore. *Elogio da conversa*. Tradução de Ana Falcão Bastos. Lisboa: Gradiva, 2000.

ZIEGLER, Paula. *Alfabetização poética: introdução à arte haikai*. Brasília: Clube de Autores, 2014.

Projeto da coleção

A coleção O valor do professor, concebida por Gabriel Perissé, é composta por 12 títulos, que abrangem diversas dimensões da realidade profissional dos professores e gestores educacionais:

Uma pedagogia do corpo	Corpo
Educação e espiritualidade	Espiritualidade
Penso, logo ensino	Inteligência
Leituras educadoras	Leitura
Falar bem e ensinar melhor	Oratória
Professores pesquisadores	Pesquisa
Convivência, política e didática	Política
Liderança: uma questão de educação	Liderança
Educação e sentido da vida	Sentido da vida
Educação financeira e aprendedorismo	Dinheiro e trabalho
As virtudes da educação	Ética
Ensinar com arte	Estética

O projeto editorial conjuga-se a um programa de formação docente continuada, individual ou coletiva, adaptável às condições concretas de uma escola, de uma universidade, de uma rede municipal de educação, de um sistema de ensino.

Baseada nos parâmetros e princípios da educação humanizadora, a formação integral e contínua propicia a nossos professores a autocompreensão e o decorrente aperfeiçoamento pessoal e profissional.

A proposta completa consiste em abordar os temas acima, ao longo de um a dois anos, em oficinas e/ou palestras, para que a reflexão em grupo sobre a realidade profissional dos professores leve à adoção consciente de atitudes que renovem pessoas e ambientes.

Informações adicionais

site www.gabrielperisse.com

lattes http://lattes.cnpq.br/4420556922540257

e-mails perissepalestras@uol.com.br

lerpensareescrever@hotmail.com

gentejovemeducacional@gmail.com

Este livro foi composto com tipografia Adobe Garamond Pro
e impresso em papel Off-White 80 g/m² na Formato Artes Gráficas.